ARCHER

Legende des roten Landes

Astrid Frank

ARCHER

Legende des roten Landes

Thienemann

Das Rennpferd galoppiert mit seiner Lunge,
es kämpft mit seinem Herzen,
aber es gewinnt mit seinem Charakter!

Federico Tesio, 1869–1954, italienischer Pferdezüchter

In der Traumzeit lag die ganze Erde im Schlaf.
Nichts wuchs. Nichts bewegte sich.
Alles war ruhig und still.
Oodgeroo

PROLOG

RAY strich Emily unbeholfen über die blonden Locken. Er traute sich kaum, sie anzuschauen. Als fürchtete er sich vor ihren Tränen.

»Du wirst sehen«, sagte er und versuchte, Zuversicht und Gelassenheit in seine Stimme zu legen, »es dauert nicht lange und wir können wieder zusammen sein.«

Emily bemühte sich tapfer zu nicken, aber das machte es für Ray nur noch schwerer. Der kleine Engel versuchte seinetwegen stark zu sein. Emily wollte es ihm leicht machen! Und zeigte ihm dabei nur noch deutlicher, wie alleingelassen sie sich fühlte.

»Es ist bestimmt toll in Melbourne«, fuhr Ray fort. »Du wirst sehen ...« Er merkte, dass er sich wiederholte. »Ich komme dich bei Tante Amy besuchen, sobald ich kann.«

Jetzt bohrte Emily ihre großen runden blauen Augen in seine und zog lautstark die Nase hoch. »Versprichst du es?«

Ray versuchte zu lächeln. »Ich verspreche es.«

»Und wo wirst du wohnen?«

Ray zog die Schultern hoch. Ja, wo würde er wohnen? Jedenfalls nicht bei Tante Amy, die nur Platz für 8-jährige blond gelockte Engel hatte, aber nicht für 16-jährige mit erstem Bartwuchs. Auch dann nicht, wenn beide Kinder ihrer verstorbenen Schwester waren. Oder vielleicht gerade deswegen nicht. Tante Amy machte wenigstens keinen Hehl daraus, dass sie Ray seine Ähnlichkeit mit seiner Mutter vorwarf. Warum das allerdings so war, darüber konnte Ray nur spekulieren. Er ahnte aber, dass sich Tante Amy als Kind immer zurückgesetzt gefühlt hatte, dass sie davon überzeugt gewesen war, weniger geliebt zu werden als ihre kleine Schwester. Und da Emily mehr dem Vater mit seinem sanften Wesen ähnelte als der Mutter, die immer dickköpfig gewesen war, hatte er jetzt die schlechteren Karten.

»Ich werde schon etwas finden«, antwortete er schließlich. »Mach dir meinetwegen keine Sorgen.«

In diesem Augenblick trat Tante Amy aus dem Haus, Emilys kleinen Koffer in der rechten Hand, der alles enthielt, was das Mädchen besaß. Hinter ihr zog der Reverend Father Smith die Haustür ins Schloss und verriegelte sie anschließend sorgfältig. Er drückte mehrfach gegen das morsche Holz, um sich zu vergewissern, dass sie auch wirklich verschlossen war. Schließlich würde das Haus jetzt voraussichtlich für einige Zeit leer stehen und sollte nicht zum Ziel für Randalierer oder Obdachlose werden.

Ray widerstand dem Impuls, sich auf den Reverend zu stürzen und ihm den Schlüssel aus der Hand zu reißen.

Den Schlüssel zu seinem Zuhause. Er würde es nie wieder betreten. Andere Menschen würden kommen und in dem kleinen Haus wohnen. Eine Mutter, ein Vater, zwei Kinder vielleicht. Ein Junge und ein Mädchen. So wie es früher auch bei ihnen gewesen war.

»Emily, mein Schatz.« Tante Amy beugte sich ein wenig zu dem Mädchen hinunter. »Es wird Zeit. Du musst jetzt in die Kutsche steigen.« Sie versuchte, Emily am Ärmel ihres dünnen Kleidchens mit sich zu ziehen, doch Emily entwand sich ihrem Griff und schlang ihre Ärmchen um Ray.

Ray spürte ihre Tränen an seiner Schulter, als er Emily in die Luft hob und fest an sich drückte. Er schloss die Augen, um Tante Amys Blicken zu entgehen, die ihn mit hochgezogenen Augenbrauen musterte, als täte er etwas Verbotenes. »Mach's gut, mein kleiner Engel«, flüsterte er seiner Schwester ins Ohr.

»Kommst du bald und holst mich nach Hause?«

Ray räusperte sich, um die Tränen zurückzuhalten. »Ja, ich komme bald«, antwortete er endlich und ignorierte absichtlich den zweiten Teil von Emilys Frage. Wie gern hätte er ihr gesagt, dass er sie bald, ganz bald nach Hause holte. Aber es gab kein Zuhause mehr. Er wusste ja nicht einmal, wohin er selbst gehen sollte. Das Haus, in dem sie bislang gewohnt hatten, gehörte ihnen nicht. Nicht mehr. Es würde verkauft werden, um die Schulden zu bezahlen, die Rays und Emilys Vater angesammelt hatte. Falls jemand es haben wollte, denn es war nicht gerade in allerbestem Zustand.

Das Kutschpferd schnaubte und Tante Amy stieß ungehalten die Luft aus. »Jetzt wird es wirklich Zeit, Liebes«, sagte sie und zupfte an Emilys Arm.

Ray setzte seine kleine Schwester auf den Boden und sah zu, wie sie sich von Tante Amy widerwillig und stolpernd zur Kutsche zerren ließ, den Blick unverwandt zurück auf ihn gerichtet. Er versuchte zu lächeln, obwohl ihm nicht im Geringsten danach zumute war. Viel lieber hätte er Tante Amy zur Seite geschubst, Emily geschnappt und wäre mit ihr davongelaufen.

Aber wohin?

Der Reverend hob Emily in die Kutsche und half anschließend Tante Amy hinauf, die sich dicht neben das Mädchen setzte und den Arm um es legte. Es sah nach einer beschützenden Geste aus und doch diente sie wohl mehr dem Zweck, Emily am Fortlaufen zu hindern.

Der Kutscher schnalzte mit der Zunge und das Kaltblut setzte sich langsam in Bewegung, während der Reverend neben Ray trat und ihm tröstend eine Hand auf die Schulter legte.

Ray sah der Kutsche hinterher, bis sie in einer Staubwolke hinter der nächsten Wegbiegung verschwunden war. Erst dann wurde ihm bewusst, dass sich Tante Amy noch nicht einmal von ihm verabschiedet hatte.

Dann erwachte eines Tages die Regenbogenschlange …
und drängte sich durch die Erdkruste …
Oodgeroo

RAY scharrte mit den Füßen im Sand. Den Kopf hielt er gesenkt, nachdem die beiden chinesischen Mädchen, die ihn zuvor aus sicherem Abstand beobachtet hatten, verschwunden waren. Die größere der beiden war etwa in Rays Alter gewesen und Ray hatte sie trotz ihrer Andersartigkeit – oder womöglich auch gerade deswegen – sehr hübsch gefunden. Die zweite hatte ihn an Emily denken lassen, denn sie war wie seine kleine Schwester ungefähr acht oder neun Jahre alt gewesen und hatte die ganze Zeit albern gekichert. Dann hatte die Kleinere plötzlich die Hand der Größeren ergriffen und sie mit sich davongezogen, bevor Ray Gelegenheit gehabt hätte, sie anzusprechen. Allerdings hätte er sich das ohnehin nicht getraut. Vielleicht waren die zwei auch Geschwister gewesen? So wie er und Emily?

Neben ihm auf dem staubigen Boden stand sein Koffer, in dem alles Platz gefunden hatte, was ihm geblieben war. Viel war es nicht. Zwei Unterhosen, zwei Paar mehrfach gestopfte Strümpfe, ein Unterhemd, das bereits löchrig war, sein gutes Hemd und eine Ersatzhose. Die verblasste Fotografie, die Mum, Dad, ihn und Emily als

Baby zeigte, hatte er seiner Schwester mitgegeben. Als Erinnerung.

Er hob kurz den Kopf und blickte zu den zwei Männern, die einige Meter entfernt von ihm standen und sich leise unterhielten. Ab und zu schaute einer von ihnen zu Ray hinüber.

Der Reverend stand mit dem Rücken zu ihm. Ray konnte am Zucken seiner Schultern sehen, dass er wild mit den Händen gestikulierte, während er auf den anderen Mann einredete. Der andere hingegen rührte sich kaum. Ab und zu hob er seine Hand, um sich am Kinn oder am Hals zu kratzen. Ansonsten stand er stocksteif da und hörte sich scheinbar geduldig an, was der Reverend ihm zu sagen hatte.

Das Klappern von Hufen ließ Ray aufhorchen. Er wendete den Kopf und blickte dem jungen Mann hinterher, der einen großrahmigen rotbraunen Hengst mit schwarzer Mähne und Schweif und schwarzen Fesseln an ihm vorbeiführte. Ray lächelte dem anderen freundlich zu – er schien ungefähr in seinem Alter zu sein –, doch der Fremde verzog nicht eine Miene. Vielmehr beeilte er sich nun noch mehr, an Ray vorbeizukommen.

Wenn es dem Reverend nicht gelang, Mr de Mestre zu überreden, Ray als Stallburschen aufzunehmen, dann würde er sich Gedanken darüber machen müssen, was weiter mit ihm geschehen sollte. Vielleicht konnte er sein Glück auf den Goldfeldern suchen?

»... guter Junge ... wird fleißig arbeiten.« Der Wind trug die Wortfetzen zu Ray hinüber. Aber er wusste ohnehin, was der Reverend sagte: dass Ray kein Zuhause mehr hatte. Dass nach dem Tod der Mutter vor vielen Jahren nun auch der Vater verstorben war. Dass die Tante in Melbourne nur über Platz für Rays kleine Schwester Emily verfügte. Dass Ray nicht wusste, wo er hinsollte, wenn Mr de Mestre ihn nicht bei sich aufnahm …

Ray fühlte sich wie ein Bittsteller. Dabei wollte er doch nur eine Arbeit, die ihm ein Dach über dem Kopf und eine warme Mahlzeit am Tag verschaffte. Er wandte sich ab, als er merkte, dass Mr de Mestre ihn musterte. Die Blicke des Mannes waren ihm unangenehm. Als fürchtete er, einer Prüfung nicht standhalten zu können.

Mr de Mestre betrachtete den jungen Mann eingehend, den der Reverend ihm in den höchsten Tönen anpries. Und was er sah, gefiel ihm nicht. Der Junge war schmächtig, seine Kleider schlackerten um seinen unterernährten Körper. Und war er für einen 16-Jährigen nicht viel zu klein? Das Gesicht wirkte blass unter den lockigen dunklen Haaren und die ebenfalls dunklen Augen in dem ausgemergelten Gesicht mit den viel zu deutlich hervortretenden Wangenknochen erschienen ihm wie große tiefe Teiche.

»Was ich suche, ist ein Stallbursche«, sagte er. »Jemand, der kräftig anpacken kann und körperliche Arbeit nicht scheut.«

»Ray kann arbeiten«, entgegnete der Reverend. »Und er hat ein Händchen für Pferde.«

Mr de Mestre schwieg, während seine Augen auf Ray ruhten. Er war in Nöten, seit zwei seiner Stallburschen gemeinsam zu den Goldminen abgewandert waren, in der Hoffnung auf schnellen Reichtum. Doch er bezweifelte, dass dieser hagere Kerl genügend Kraft hatte, den ganzen Tag lang Ställe auszumisten, Schubkarren zum Misthaufen zu fahren und dort zu entleeren, die Stallgasse zu säubern, die Pferde zu striegeln, ihre Hufe auszukratzen und sie auf die Weide zu bringen, Heu für die Pferde heranzuschaffen, die Weidezäune auszubessern und was sonst noch alles anfiel.

»Geben Sie ihm eine Chance«, sprach der Reverend weiter. »Ich versichere Ihnen, dass Ray Sie nicht enttäuscht.« Er seufzte. »Mr de Mestre. Alles, was Ray braucht, ist ein Dach über dem Kopf und etwas zu essen. Einen Ort, an den er gehört. Der Junge hat alles verloren, was er zu verlieren hatte. Seine Mutter, seinen Vater, seine Schwester ... sein Zuhause. Er hat nichts und niemanden mehr. Was haben Sie schon zu verlieren? Für einen Teller Suppe am Tag und einen Platz im Stroh bekommen Sie eine Arbeitskraft!«

Mr de Mestre schwieg immer noch.

»Ich mache Ihnen einen Vorschlag«, fuhr Reverend Smith fort. »Nehmen Sie ihn für 14 Tage bei sich auf. Und wenn Sie danach immer noch glauben, er eigne sich nicht als Stallbursche, komme ich zurück und hole ihn ab.«

»Und wohin bringen Sie ihn dann?«

Der Reverend zuckte mit den Schultern und schüttelte gleichzeitig den Kopf. »Ich weiß es nicht«, antwortete er.

Mr de Mestre strich sich die Haare aus dem Gesicht.

Die Vorstellung, dass der Junge niemanden hatte, an den er sich wenden konnte, gefiel ihm nicht. Mit 16 war man vielleicht kein Kind mehr, aber man war weiß Gott auch noch nicht alt genug, um sich mutterseelenallein durchs Leben zu schlagen. Jedenfalls sah er das so. »Also gut«, sagte er schließlich. »14 Tage. Danach sehen wir weiter.«

Der Reverend nickte und streckte Etienne de Mestre die Hand entgegen. »Abgemacht«, sagte er. »In 14 Tagen komme ich wieder.«

Mr de Mestre grunzte mürrisch, während er die Vereinbarung mit einem Handschlag besiegelte.

Der Reverend wandte sich zu Ray um und winkte ihn herbei.

Ray hob seinen Koffer hoch und beeilte sich, zu den zwei Männern hinüberzugehen. Sein Herz schlug ihm bis zum Hals. Wie hatte sich Mr de Mestre entschieden? Würde er ihm eine Chance geben zu beweisen, was er konnte? Durfte er bleiben? Wenn nicht, musste er wohl oder übel auf der Straße übernachten. Nun, zumindest besaß er nichts, was man ihm stehlen konnte.

»Ray, das ist Mr de Mestre«, sagte der Reverend, sobald Ray neben ihm stand. »Er hat eingewilligt, dich zur Probe zu nehmen. Du kannst vorerst hierbleiben.«

Ein Lächeln huschte über Rays Gesicht. »Ich danke Ihnen, Sir«, sprudelte es aus ihm hervor. »Ich danke Ihnen.«

»Danke nicht mir«, antwortete Mr de Mestre, »danke lieber dem Reverend. Er hat sich ganz schön für dich ins Zeug gelegt. Wenn auch nur die Hälfte von dem stimmt, was er gesagt hat, dann bist du so etwas wie ein Fleisch gewordener Engel.«

Der Reverend lachte und Ray spürte, wie ihm das Blut in den Kopf stieg und seine Wangen rötete.

»Auf jeden Fall werde ich mich bemühen, Sie nicht zu enttäuschen«, erwiderte er leise und mit gesenktem Kopf.

»Schön, schön«, antwortete Mr de Mestre zerstreut und winkte den Jungen herbei, der kurz zuvor bereits Rays Weg gekreuzt hatte und nun ohne den rotbraunen Hengst auf dem Rückweg zu den Weiden war, um ein weiteres Pferd zu holen und in den Stall zu führen. »Nick, komm doch mal her!«, rief er ihm zu.

»Sir?«, sagte Nick, sobald er bei ihnen war. Ray würdigte er dabei keines Blickes, doch dem Reverend nickte er zum Gruß wortlos zu.

»Das hier ist …«

»Ray, Sir, mein Name ist Ray.«

»Also, das hier ist Ray. Zeig ihm doch bitte den Schlafboden und nimm ihn anschließend mit in den Stall, um ihm alles zu erklären.«

»Aber …«

»Ja?«

»Soll das heißen …«

»Ray wird Antonys Platz einnehmen. Er arbeitet ab jetzt hier.«

Nick verzog das Gesicht zu einer Grimasse.

»Hast du damit irgendein Problem?«

»Nein, Sir, natürlich nicht«, erwiderte Nick und wies

Ray mit einer knappen Kopfbewegung an, ihm zu folgen.

Ray stieg die schmale Leiter hinauf und stellte seinen zerschlissenen Koffer in der Ecke auf dem Heuboden ab, die der andere ihm wortlos wies. Der Boden war so niedrig, dass er sich bücken musste, wenn er nicht mit dem Kopf gegen einen der vielen Holzbalken stoßen wollte. Auf dem Weg zum Schlafboden hatte er versucht, mit Nick ins Gespräch zu kommen, doch der hatte sich nicht einmal die Mühe gemacht, ihm zu antworten. Jetzt stand er auf einer der obersten Stufen der Leiter und beobachtete Ray aus zusammengekniffenen Augen.

»Was willst du hier?«, fragte er, als sich Ray zu ihm umwandte.

»Arbeit«, antwortete Ray. »Was sonst?«

»Bild dir ja nicht ein, du könntest dich bei Mr de Mestre einschleimen, klar?« Nick funkelte den Neuen wütend an. »Hier im Stall habe ich das Sagen und sonst keiner, klar?«

Ray zog überrascht die Augenbrauen hoch.

»Du tust, was ich dir sage, klar?«

»Klar«, antwortete Ray und wich unwillkürlich einen Schritt zurück. »Keine Bange, ich will hier niemandem was wegnehmen.«

»Das kannst du auch gar nicht. So wie du aussiehst, schaffst du es ja nicht mal, einen Futtersack hochzuheben. Geschweige denn, ein Pferd zu reiten.«

Ray antwortete nicht, um den anderen nicht weiter zu

erzürnen. Es wäre vermessen gewesen zu behaupten, dass er ein guter Reiter war. Denn weder hatte er viel Erfahrung vorzuweisen noch jemals die Gelegenheit gehabt, sich mit anderen zu messen. Aber ganz gewiss gab es nichts auf der Welt, was er lieber tat.

Schon als 5-Jähriger hatte er auf dem Pferd seiner Mutter gesessen. Und wenn er sich zurückerinnerte, dann kam es ihm manchmal so vor, als wären die Ausritte auf dem Apfelschimmel die glücklichsten Momente seiner Kindheit gewesen. Mit acht hatte er sich zum ersten Mal allein auf den Weg gemacht. Er hatte Applepie gesattelt und war mit ihr querfeldein geritten. Die Strafpredigt seines Vaters, die er sich nach seiner Rückkehr am Abend anhören durfte, würde er sein Leben lang nicht mehr vergessen. Er hatte nicht daran gedacht, jemandem Bescheid zu sagen, und seine Eltern waren in heller Aufruhr gewesen, weil sie ihn nirgends finden konnten.

Als seine Mutter vor vier Jahren gestorben war, hatte Rays Vater Applepie verkauft. Sie konnten es sich nicht leisten, ein Pferd zu ernähren, das nicht gebraucht wurde. Und nach Mums Tod brauchte es niemand mehr.

Sich von Applepie zu trennen, war Ray unglaublich schwergefallen. Erst der Verlust des Pferdes schien dem damals 12-Jährigen die Tragweite des Todes seiner Mutter begreiflich zu machen. Tagelang hatte er seinen Vater angefleht, Applepie behalten zu dürfen. Behielte er sie, war es fast so, als wäre ein Teil seiner Mutter noch bei ihm. Aber sein Dad hatte immer nur traurig den Kopf geschüttelt und wieder und wieder beteuert, dass sie es sich nicht leisten konnten, die Stute zu behalten – jetzt, nachdem Mutter tot war und die Kosten für den Unterhalt des Pferdes nicht mehr mit ihrer Arbeit erwirtschaftete.

Rays Mutter Lilly war Hebamme gewesen. Umso makaberer erschien es Ray, dass sie während der Geburt ihres eigenen dritten Kindes gestorben war. Der Junge war zu früh gekommen. Viel zu früh. Weder er noch Lilly hatten es überlebt. Seine Mutter war verblutet, weil es niemanden gab, der ihre Blutung stoppen konnte.

Die Nachbarn hatten hinter vorgehaltenen Händen gemunkelt, dies sei Gottes Strafe gewesen, weil Lilly noch während der Schwangerschaft zu ihren Patientinnen geritten war. Und zwar nicht im Damensitz, wie es sich ihrer Meinung nach gehörte, sondern breitbeinig wie ein Mann.

Aber Lilly hatte immer beteuert, dass es ihr unmöglich sei, im Seitsitz zu galoppieren, ohne vom Pferd zu fallen. Und sie war geritten wie der Teufel persönlich. Ray musste schmunzeln, als er jetzt daran zurückdachte.

»Bist du fertig? Dann zeige ich dir den Stall und die Pferde.« Ohne eine Antwort abzuwarten, stieg Nick die steile Leiter wieder hinab und Ray beeilte sich ihm zu folgen.

Während Nick mit weit ausholenden Schritten voraneilte, ruhte Rays Blick auf seinem Rücken. Der Stalljunge strahlte von der äußersten Haarspitze bis zu den Zehen Ablehnung aus und Ray hätte gerne gewusst, woran das lag. Er schien zu fürchten, der Neue wolle ihm irgendetwas streitig machen. Aber Ray hatte nicht die geringste Ahnung, was das sein sollte.

In der Boxengasse herrschte angenehmes Dämmerlicht. Rays Augen brauchten eine Weile, um sich daran zu gewöhnen, doch Nick schien nicht die Absicht zu haben, ihm diese Zeit zu gewähren.

»Das ist Blueberry«, sagte er, während er an der ersten Box vorbeieilte. Weder hielt er an, um Ray die Chance zu geben, das Pferd näher zu betrachten, das ihm gezeigt worden war, noch schien er Ray Gelegenheit geben zu wollen, ihm irgendeine Frage zu dem Rappen zu stellen. Stattdessen lief er bereits an der nächsten Box vorbei. »Hier steht normalerweise Sunny, die ist aber noch auf der Weide, das hier ist Boxer, der Fuchs dort heißt Fox. Er ist das beste Pferd im Stall. Und daneben steht Cloudy …«

Ray blieb vor Cloudy stehen und betrachtete die Stute, die ihn entfernt an Applepie erinnerte. Auch Cloudy war ein Apfelschimmel, aber Ray erkannte auf Anhieb, dass erheblich mehr Vollblut durch ihre Adern floss.

»… diese Box gehört Misery, die ist noch mit Sunny auf der Weide, und das hier ist Vagabond.« Nick wandte sich zu Ray um, der stehen geblieben war und sich nun beeilte, zu dem anderen aufzuschließen. Kaum hatte er ihn erreicht, rannte Nick auch schon wieder los, während Ray den kastanienbraunen Hengst vor sich musterte. »Das ist Archer, die Dampflok, und der letzte in dieser Reihe ist Rainbow.«

Ray versuchte sich seine Verwirrung nicht anmerken zu lassen. Nick hatte ihm die Pferde so schnell vorgestellt, dass er Mühe hatte, sich alle Namen zu merken. Jetzt blieb er vor der Box des rotbraunen Hengstes stehen und betrachtete ihn. Das Pferd war recht groß und hatte eine auffallend kräftige Nacken- und Halspartie und eine muskulöse Brust.

»Den hier hast du eben an mir vorbeigeführt, stimmt's?« Ray wandte sich zu Nick um, der einige Schritte entfernt lässig an der Wand lehnte und ihn mit vor der Brust verschränkten Armen musterte. Jetzt nickte er schwerfällig, als gäbe er Ray nur ungern recht.

»Und wieso nennst du ihn Dampflok?«

»Das wirst du schon merken, wenn du ihn das erste Mal rennen siehst.«

Ray wandte sich wieder zu dem Junghengst um und strich ihm behutsam mit einer Hand über die Blesse an seiner Stirn. »Hallo, Archer«, sagte er, »mein Name ist Ray.«

Das Pferd stieß ein wohliges Schnauben aus und rieb seine Nüstern an Rays Hand.

»Wenn ihr mit eurer gegenseitigen Vorstellung fertig seid«, ertönte Nicks sarkastische Stimme aus dem Hintergrund, »dann kannst du schon mal anfangen, die Boxen auszumisten.« Und er warf Ray ohne Vorwarnung eine Mistgabel zu, die dieser in letzter Sekunde auffing, bevor sie mit den spitzen Zinken voran auf seinen Füßen landete.

Ray begann mit Sunnys und Miserys Boxen, solange die zwei Stuten noch auf der Weide waren. Sorgfältig hob er die Einstreu mit der Heugabel hoch, schüttelte die trockenen Anteile heraus und sammelte den Dung auf der bereitgestellten Schubkarre. Der beißende Geruch des Pferdeurins stieg ihm in die Nase, doch er beachtete ihn nicht. Er war froh, dass Mr de Mestre ihm eine Chance gab, und er wollte alles dafür tun, um hierbleiben zu können. Wenn er nur fleißig genug arbeitete und ein wenig Geld verdienen konnte, dann würde er es vielleicht auch eines Tages schaffen, Emily zurück nach Hause zu holen. Natürlich musste er dafür erst einmal eine Bleibe für sie beide finden, die er bezahlen konnte, und Emily musste ein wenig älter sein, damit sich die Nachbarn nicht ihre Münder darüber zerrissen, dass so ein kleines Mädchen nicht in die alleinige Obhut ihres Bruders gehörte. So wie sie es bis jetzt getan hatten. Aber vielleicht in zwei oder drei Jahren …

Die eintönige Arbeit gab Ray die Möglichkeit, seinen Gedanken nachzuhängen. Und er hatte viel, worüber er nachdenken konnte. Heute war es genau eine Woche her, dass sein Vater beerdigt worden war. Reverend Smith hatte eine schöne Grabrede gehalten: Robert Grayfield hatte ein achtbares und gottesfürchtiges Leben geführt und war seinen beiden Kindern Raymond und Emily ein liebender und treu sorgender Vater gewesen. Erst recht nach dem viel zu frühen Tod seiner ehrbaren Gattin Lilly, mit der er nun in Gottes Reich wieder vereint war. Und so weiter und so weiter.

Emily hatte mit versteinertem Gesicht neben Ray gestanden und irgendein Kinderlied vor sich hin gesummt. Als wollte sie um jeden Preis verhindern, etwas von dem mitzubekommen, was der Reverend erzählte. Einige Nachbarinnen, die an der Zeremonie teilnahmen, schüttelten darüber missbilligend den Kopf. Doch Ray legte seiner kleinen Schwester demonstrativ den Arm um die Schultern und funkelte die gehässigen Frauen giftig an. Sollte es ja eine wagen, etwas Böses zu Emily zu sagen! Dann würde sie es mit ihm zu tun bekommen. Wenn Emily ein Lied summen wollte, um ihre Trauer zu bewältigen, dann war das ihr gutes Recht! Und er – Ray – würde dafür sorgen, dass die 8-Jährige auf ihre eigene Weise damit fertig wurde, nach der Mutter nun auch noch den Vater verloren zu haben.

Zehn Tage, dachte Ray. Vor zehn Tagen war sein Vater während des gemeinsamen Frühstücks einfach von seinem Stuhl gekippt und tot auf dem Fußboden liegen geblieben. Ohne jede Vorwarnung. Ohne jedes Anzeichen. Und mit einem Mal, von einer Sekunde auf die andere, war alles anders. War sein bisheriges Leben vorbei. Ausgelöscht.

Ray stützte sich auf die Forke und wischte sich den Schweiß von der Stirn, bevor er in seine Augen rinnen konnte. Die Arbeit war anstrengend. Das überraschte ihn zwar nicht, dennoch fühlte er sich über alle Maßen erschöpft. Seine Hände zitterten und sein Herz raste. Er wusste, dass er etwas zu essen und zu trinken gebraucht hätte, aber selbstverständlich konnte er niemanden darum bitten. Er konnte sich Nicks hämisches Gesicht gut vorstellen, wenn er bereits nach dem Ausmisten von zwei Boxen eine Pause einlegen würde, obwohl er noch sieben Boxen vor sich hatte. Nein, diese Genugtuung würde er dem anderen nicht gönnen. Und auch Mr de Mestre sollte nicht glauben, Ray wäre zu schwach für diesen Job. Er musste auf die Zähne beißen. Um jeden Preis.

Ray schob die bereits gut gefüllte Schubkarre aus der gesäuberten Box und band Blueberry an einem Haken auf der Boxengasse fest, um sich an das nächste Stallabteil zu machen.

Es war nicht so, dass er Probleme mit körperlicher Arbeit hatte. Im Gegenteil. Oft hatte er seinem Vater geholfen, der als Schnitter bei der Getreideernte arbeitete oder zur Schafschur angestellt wurde und auch sonst jeden Job annahm, den man ihm anbot, um die Schulden nicht ins Unermessliche wachsen zu lassen. Was aber im Lauf der Zeit trotzdem geschehen war. Meistens waren diese Jobs mit harter körperlicher Arbeit verbunden gewesen. Aber in den letzten Tagen hatte Ray nicht nur zu wenig Schlaf abbekommen, auch seine Mahlzeiten waren äußerst unregelmäßig gewesen. Nachts wälzte er sich in seinem Bett hin und her, von Albträumen geplagt, und tagsüber fand er vor lauter Sorgen um seine und Emilys Zukunft nicht die nötige Ruhe zum Essen. Außerdem hatte er stets das Bild seines tot auf dem Boden liegenden Vaters vor Augen und hörte wieder und wieder Emilys entsetzten Aufschrei.

»Hi!«

Ray zuckte zusammen, als er die Stimme hinter seinem Rücken vernahm. Er hatte niemanden kommen hören und als er sich jetzt umwandte und sich einem jungen Mann gegenübersah, brauchte er eine Weile, um sich zu sammeln.

»Ich bin Tom«, sagte der Fremde und streckte Ray eine kräftige, große Pranke entgegen, der man ansah, dass sie zupacken konnte.

»O ... hi.« Ray ergriff die ihm dargebotene Hand und schüttelte sie. »Mein Name ist Ray.«

»Hi, Ray, was machst du hier?«

»Ich ... äh ... ich arbeite hier. Mr de Mestre hat mich als Stalljungen angestellt.«

»Das ist gut«, antwortete Tom. »Wir können jede helfende Hand gebrauchen.«

Ray musterte den anderen. Er schien etwas älter zu sein als er selbst. Ray schätzte ihn auf Mitte zwanzig. Tom war groß und auf eine sonderbare Weise gut aussehend. Sein Gesicht war kantig und die viel zu große Nase stach schief daraus hervor. Auf seinem Kinn zeigte sich der Schatten eines Bartes, als hätte Tom heute Morgen vergessen sich zu rasieren, und verlieh ihm einen verwegenen Ausdruck. Aber vor allem war er freundlich. »Arbeitest du auch hier?«

Tom nickte. Dann fiel sein Blick auf die Schubkarre, auf der sich der Mist bereits gefährlich hoch türmte. »Ich bring dir mal die Schubkarre weg, okay? Vor Archers Box steht noch eine kleinere. Nimm die solange.«

»Danke«, sagte Ray und fühlte sich augenblicklich besser. Endlich traf er jemanden, der freundlich zu ihm war. Er hatte schon Sorge gehabt, dass er sich alleine mit Nick herumschlagen musste, aber Toms Anwesenheit gab ihm neuen Mut, was die Zukunft betraf. Vielleicht würde es hier doch nicht so schlimm werden, wie er zunächst befürchtet hatte.

Es war keineswegs so, dass Ray an Luxus gewöhnt gewesen wäre. Und doch wälzte er sich trotz seiner Erschöpfung am Abend auf seinem Heulager hin und her und fand keine Position, in der ihm ein Einschlafen möglich schien. Zu viel Neues war an diesem Tag auf ihn eingeströmt und auch jetzt noch dachte er an die freundliche dicke Köchin, die ihm beim Abendessen mit einem Augenzwinkern einen zweiten Teller aufgefüllt hatte, nachdem er den ersten in weniger als einer Minute geleert hatte. Auf jeden Fall hatte der Eintopf köstlich geschmeckt und er durfte so viel davon essen, wie er wollte!

Jetzt schickte der Mond seine silbernen Strahlen durch das kleine Dachfenster mitten in sein Gesicht und erhellte den Scheunenboden gerade so weit, dass Ray Nicks Silhouette am anderen Ende wahrnehmen konnte.

Auch Nick schien nicht zur Ruhe zu kommen. Vielleicht war es Rays Anwesenheit, an die er sich erst gewöhnen musste?

»Wo schläft eigentlich Tom?« Ray traute sich die Frage zu stellen, nachdem er bemerkt hatte, dass Nick ebenfalls mit offenen Augen auf die Holzdecke über sich starrte.

»Tom? Der hat schon Frau und Kind. Sie wohnen hinten am kleinen Fluss in einer der Hütten.«

»Und außer ihm und uns hat Mr de Mestre keine weiteren Stallburschen?«

»Anthony und George haben sich aus dem Staub gemacht, um auf den Goldfeldern zu arbeiten. Sie glauben, dass man dort schneller reich werden kann.«

Ray hatte schon davon gehört, dass einige der Diggers, wie man die Goldsucher nannte, binnen kürzester Zeit ein Vermögen gemacht hatten. Und hätte Mr de Mestre ihn nicht bei sich aufgenommen, so hätte er wohl ebenfalls sein Glück in Braidwood oder Victoria gesucht.

Noch immer trafen regelmäßig Schiffe mit Männern aus Großbritannien, Amerika oder China im Hafen von Sydney ein, die von den großen Goldvorkommen gehört hatten. Auch wenn es längst nicht mehr so viele waren wie noch vor einigen Jahren, als täglich mehrere Schiffe an den Küsten vor Anker gingen. Vor allem die Chinesen erwiesen sich als äußerst erfolgreich. Sie arbeiteten in großen Gruppen zusammen oder waren sogar im Auftrag von Unternehmen nach Australien geschickt worden, um dort nach Gold zu schürfen.

Ray dachte an die beiden Mädchen, denen er am Vormittag auf der Straße begegnet war, als Reverend Smith ihn hierher gebracht hatte. Vermutlich kamen sie aus einer dieser Goldsucherfamilien, die sich in und um Braidwood, auch hier in Jembaicumbene, niedergelassen hatten. Und wenn dem so war, dann bestand vielleicht die Chance, sie wiederzusehen. Er wusste, dass die Chinesen meistens unter sich blieben. Sie hatten regelrechte Siedlungen erbaut, in denen sie lebten, ihre eigenen Tempel aufsuchten, um darin zu beten, und sich zum Teil sogar ihre eigenen Gärten angelegt, die die Australier immer wieder in Staunen versetzten. Es waren Gärten ohne Rasen, in denen Brücken über Wasserläufe führten, kleine rot gestrichene Häuser mit spitzen Dächern standen und Steine zu kunstvollen Gebilden formiert wurden.

Die Einheimischen beobachteten die Neuankömmlinge mit zunehmendem Misstrauen. Je mehr von ihnen auftauchten, desto kritischer wurden sie begutachtet. Überfälle auf chinesische Ansiedlungen, Brandstiftung oder gewalttätige Attacken gegen Einzelne gehörten mittlerweile fast zur Tagesordnung. Und das war nur einer der Gründe, warum Ray froh war, unter seinesgleichen bleiben zu können. Er hätte nicht gewusst, was ihn auf den Goldfeldern erwartete. Freundlich und friedlich war die Stimmung dort jedenfalls nicht.

»Wenn Mr de Mestre mich nicht aufgenommen hätte, wäre ich wohl auch unter die Diggers gegangen«, sagte Ray jetzt.

Nick schnaubte. »Und wenn schon. Hier hätte dich keiner vermisst, klar?«

Ray drehte Nick den Rücken zu. Friedlich und freundlich war die Stimmung hier allerdings auch nicht gerade. So viel war ihm tatsächlich klar.

Als Nick am nächsten Morgen an seinen Schultern rüttelte, damit er aufwachte, fühlte sich Ray, als hätte er kein Auge zugetan. Um ihn herum war es noch stockfinster und Ray spürte nach der Nacht auf dem harten Untergrund jeden Knochen seines Körpers. Er nahm sich vor, möglichst bald seine Heumatratze aufzufüllen.

»Wie spät ist es denn?«, wollte er von Nick wissen.

»Zeit zum Aufstehen, klar?«

Ray stöhnte. Aber nur so leise, dass Nick es nicht hören konnte. Er wollte sich nicht mit ihm anlegen, denn er brauchte diesen Job. Und zwar um jeden Preis. Also stand er auf und folgte Nick schweigend zu den Stallungen.

Rays Müdigkeit war in der kalten Morgenluft bereits verflogen, als Nick die Tür zur Boxengasse aufstieß. Das freudige Schnauben der Pferde, die auf ihr Frühstück warteten, steigerte Rays Laune augenblicklich. Er liebte den Geruch der Pferdehaut, der sich über Nacht besonders intensiv ausgebreitet hatte.

»Ausmisten, klar?« Nick drückte Ray die Mistgabel in die Hand. »Wir fangen heute bei Rainbow an.« Er schritt schnurstracks durch die Stallgasse bis zur letzten Box.

Kaum hatte er die Tür zum Stallabteil geöffnet, drängte sich der lebhafte Hengst bereits an ihm vorbei. Nick musste sich mit seinem ganzen Gewicht gegen die Brust des Pferdes stemmen, um es zu stoppen, dann streifte er ihm mit geübten Händen ein Halfter über und band ihn am Putzhaken fest.

»Was stehst du da noch rum? Die Box ist frei, du

kannst anfangen, klar?«, schnauzte er Ray an, der am anderen Ende der Stallgasse gewartet und Nick beobachtet hatte.

Ray nahm sich eine der beiden Schubkarren, legte die Mistgabel quer darüber und schob beides zum letzten Stallabteil. In der Zwischenzeit hatte Nick bereits Archer aus seiner Box geholt und band ihn gerade am zweiten Putzhaken fest.

»Und beeil dich diesmal ein bisschen, klar? Wir haben nicht den ganzen Tag Zeit.«

Ray ignorierte das Knurren seines Magens, der lautstark nach Frühstück verlangte, und hievte eine Forke voll Mist nach der anderen auf die Schubkarre. Bevor er sich an Archers Box machte, füllte er frisches Stroh in Rainbows Stallabteil, damit Nick den Hengst im Anschluss an das Striegeln und Auskratzen der Hufe sofort wieder in seine Box zurückführen konnte.

Mit einer gewissen Befriedigung stellte Ray nach der vierten Box fest, dass sie gut Hand in Hand arbeiteten. Wenn Nick mit dem Säubern eines Pferdes fertig war, führte er es in die Box zurück und band schon einmal das nächste Pferd an den Putzhaken, damit Ray ein Stallabteil nach dem anderen ausmisten konnte, ohne warten zu müssen.

Als sie fertig waren und alle Pferde zufrieden ihr erstes Frühstück zwischen den Zähnen zermalmten, stand die Sonne bereits am Himmel und Nick konnte nicht umhin, Ray anerkennend zuzunicken. »Alles klar«, sagte er. Und zum ersten Mal klang das *klar* nicht nach einer Drohung. »Mal sehen, was Elizabeth heute zum Frühstück gemacht hat.«

Sie wuschen sich die Hände und das Gesicht mit einem Eimer kalten Wassers und begaben sich anschließend auf den Weg zur großen Küche des Gestüts, wo die Köchin bereits mit dampfenden Töpfen auf sie wartete.

Ray schaufelte drei Portionen Porridge mit Bananen und Nüssen in sich hinein, bevor er sich den Teller mit Rührei und saftigem Schinken volllud und einen Kanten frischen Brots dazu aß.

Eins musste man Mr de Mestre lassen: Bei ihm musste niemand hungern. Und nach der schweren körperlichen Arbeit noch vor Sonnenaufgang wusste Ray ein solches Frühstück besonders zu schätzen. Erst als beim besten Willen kein Brotkrümel mehr in seinem Magen Platz gefunden hätte, schob Ray seinen Teller in die Mitte des Tisches und lehnte sich auf seinem Stuhl zurück.

Elizabeth lächelte den schmächtigen Jungen, der sich ihr Essen so gut hatte schmecken lassen, zufrieden an. »Wird auch Zeit, dass du was auf die Rippen kriegst«, sagte sie und stellte Rays Teller auf die Spüle.

Nick sah argwöhnisch zwischen Ray und Elizabeth hin und her, machte es Ray dann nach und schob seinen Teller von sich.

»Wie wäre es, wenn der junge Herr sich bequemen würde, sein Geschirr wegzuräumen?« Elizabeth stemmte die Fäuste in ihre runden Hüften und funkelte Nick von oben herab böse an.

Ray wäre es am liebsten gewesen, der Boden hätte sich unter ihm aufgetan und ihn verschlungen, als er Nicks Blicke auf sich spürte. Es hatte ihm gerade noch gefehlt, dass Nick Zündstoff für seinen Hass auf ihn, den Neuen, bekam!

Zum Glück polterte es in diesem Augenblick vor der Tür und Tom betrat, mit seinem charmanten schiefen Lächeln im Gesicht, ohne anzuklopfen die Küche.

»Elizabeth!«, rief er, als wäre es die erste große Freude seines Tages, der dicken Köchin zu begegnen, und Ray meinte, einen leichten roten Schimmer auf den Wangen der Frau zu sehen. »Hey, Nick, Ray«, fuhr Tom fort, »hab ich mir doch gedacht, dass ich euch hier finde.« Er ging wie selbstverständlich zur großen eisernen Kaffeekanne, die auf dem Kohleofen stand, und goss sich eine Tasse ein.

Elizabeth schien diese Selbstbedienung nichts auszumachen. Im Gegenteil, sie strahlte Tom an und fragte: »Möchtest du noch etwas Porridge?«

Tom winkte ab, während er in seinen heißen Kaffee pustete. »Ich würde gerne, aber leider hat der Boss mich beauftragt, diese beiden Nichtsnutze hier zu holen. Er will mit dem Training anfangen.«

Elizabeth wirkte regelrecht enttäuscht, stellte Ray fest. Offensichtlich hätte sie Tom gerne noch länger um sich gehabt. Eilfertig sprang er auf. Er konnte es kaum erwarten, dem Training der Rennpferde zuzusehen. Welche Aufgaben Mr de Mestre wohl für ihn hatte?

Ray griff nach seiner eigenen Kaffeetasse, um sie am

Spülbecken abzustellen, doch Elizabeth nahm sie ihm aus der Hand und sagte: »Ist schon gut, mein Junge, ich kümmere mich darum.«

»Danke, das ist sehr freundlich.«

Nick sah zwischen Ray, der bereits an der Tür stand und wartete, und Tom, der soeben den letzten Schluck Kaffee getrunken hatte und nun Elizabeth seine leere Tasse reichte, hin und her. Dann stand er ebenfalls auf, griff nach seinem Becher und hielt ihn Elizabeth hin, die ihn jedoch nur verständnislos anblickte. Nick wartete einen Augenblick, doch als Elizabeth immer noch keine Anstalten machte, ihm den Becher aus der Hand zu nehmen, murrte er leise und stellte ihn selbst geräuschvoll im Spülbecken ab.

»Wir sollen Archer und Fox holen«, erteilte Tom seine Anweisungen, sobald sie vor den Stallungen standen, »und zur Trainingsbahn bringen. Mr de Mestre erwartet uns dort.«

Ray war aufgeregt. Er heftete sich an Toms Fersen und sah aufmerksam zu, wie er Archer fertig machte.

Zunächst führte Tom den Hengst aus der Box und band ihn am Putzhaken an, bevor er die Satteldecke auf seinen Rücken legte und ordentlich glatt strich. Dann nahm er den Sattel, den Ray ihm anreichte, legte ihn vorsichtig kurz vor dem Widerrist auf Archers Rücken und schob ihn etwas nach hinten, wobei er darauf achtete, dass die Satteldecke keine Falten warf, die dem Pferd Druckschmerzen verursachen konnten. Anschließend holte er den Gurt unter Archers Bauch hervor, führte ihn durch die Schlaufe und zurrte ihn fest. Erst jetzt griff Tom nach dem Zaumzeug, streifte Archer den Zügel über den Kopf, umfasste mit einem vorsichtigen Griff seiner gigantischen Pranken den Kopf des Pferdes, schob ihm sacht das Gebiss ins Maul, zog zugleich das Genickstück über sein rechtes Ohr und anschließend über das linke. Zum Schluss schloss er Kehl- und Nasenriemen.

Ray bewunderte Toms Geschicklichkeit. Er arbeitete schnell und effizient, ohne Archer dabei in irgendeiner Weise zu bedrängen. Zum Dank dafür machte Archer bereitwillig mit, ließ sich ohne Murren das Gebiss einlegen und stand die ganze Zeit über still.

»Möchtest du ihn rüberbringen?«, wandte sich Tom an Ray, als er fertig war, und hielt ihm die Zügel hin.

Ray nickte eifrig und freute sich, als der große Hengst ihm vertrauensvoll folgte. Es fühlte sich großartig an, dieses prachtvolle Tier zu führen. Er wusste nicht, woran es lag. Vielleicht hatte es nur damit zu tun, dass er Archer als erstes Pferd des Gestüts gesehen hatte, während der Reverend noch mit Mr de Mestre über ihn sprach. Vielleicht war es aber auch Archers Ausstrahlung. An dem 5-jährigen Hengst war äußerlich eigentlich nichts Besonderes. Mit seinem Stockmaß von 1,70 Meter war er zwar schon recht groß und außerdem sehr muskulös, aber das unterschied ihn nicht wesentlich von Mr de Mestres anderen Pferden im Stall. Der rote Fox war größer als Archer und Boxer muskulöser. Der Rappe Blueberry war mit seinem glänzenden schwarzen Fell schöner und Vagabond temperamentvoller. Und dennoch gefiel Archer Ray am besten. Der Braune strahlte Ruhe und Selbstsicherheit aus. Und außerdem schien er seinerseits auch Gefallen an Ray gefunden zu haben, denn er folgte ihm wie ein artiges Hündchen. Und als Ray einmal stehen blieb, um einen Stein aus seinem Schuh zu schütteln, schnupperte er mit seinen großen Nüstern an Rays Haar, bis der lachen musste, weil die warme Atemluft und die feinen Härchen des Pferdes ihn im Nacken kitzelten.

Mr de Mestre stand bereits am Rand der Rennstrecke und wartete auf die zwei Hengste. Er unterdrückte ein Lächeln, als er Ray mit Archer im Gefolge auf sich zukommen sah. Neben dem großen Hengst sah der Junge noch schmächtiger aus. Und doch schienen die beiden gut miteinander zurechtzukommen. Ray sah nicht gerade so aus, wie sich Mr de Mestre den perfekten Stallburschen vorstellte. Vielmehr drängte sich ihm bei dem Anblick der beiden der Gedanke auf, dass Ray – zumindest, was seine Statur betraf – einen guten Jockey abgeben würde.

Als Ray Archer laufen sah, wusste er nicht, ob er lachen oder weinen sollte. Der große Hengst warf seine Beine während des Galoppierens in einem so hohen Bogen von sich, dass es aussah, als würde sein massiger Körper von Rädern getragen. Ray musste bei diesem Anblick tatsächlich an eine große Dampflokomotive denken und auch das Schnaufen des Pferdes erinnerte ihn an dieses Transportmittel. Ausnahmsweise hatte Nick mit seiner

Beschreibung einmal recht gehabt. Am beängstigendsten war jedoch, dass Archers Zunge beim Galoppieren aus seinem Maul hing, und Ray fragte sich insgeheim, ob das Tier eventuell an einem Herzfehler litt.

Mr de Mestre musterte den Jungen, der neben ihm am Zaun lehnte und mit unverhohlener Freude das Rennen der beiden Hengste verfolgte. Er sah die Begeisterung in Rays Gesicht, seine leuchtenden Augen und das glückliche Lächeln auf seinen Lippen.

»Hast du die Pferde schon kennengelernt?«

Ray zuckte zusammen, als sein Arbeitgeber so unvermittelt das Wort an ihn richtete. »Ja, Sir«, antwortete er. »Nick hat sie mir gezeigt.«

Mr de Mestre nickte. »Und weißt du schon, welches dir am besten gefällt?«

»O ja, Sir! Ich mag Archer und Cloudy.«

Mr de Mestre zog überrascht die Augenbrauen hoch.

Ray bemerkte die Verwunderung seines Arbeitgebers und befürchtete, er könnte eine falsche Antwort gegeben haben. Hatte er sich soeben bis auf die Knochen blamiert? Waren vielleicht ausgerechnet diese zwei Pferde die letzten Ackergäule?

»Und warum gerade diese beiden?«

Womöglich erwartete Mr de Mestre, dass er nun fachkundig Auskunft über die diversen Vorteile der einzelnen Tiere geben könnte. Aber das konnte er nicht. Er verließ sich bei dieser Beurteilung einfach auf sein Bauchgefühl, denn er hätte nicht zu sagen gewusst, was ein gutes Rennpferd ausmachte.

»Nun …«, begann er, »… Cloudy erinnert mich an mein eigenes Pferd, das ich früher geritten habe, und Archer …« Er zog hilflos die Schultern hoch.

Mr de Mestre musterte Ray neugierig. Die Antwort des Jungen hatte ihn zugegebenermaßen überrascht. Insgeheim setzte auch er große Erwartungen in Archer. Obwohl der Junghengst sicherlich noch nicht so weit war wie zum Beispiel Fox, der bereits bei einigen größeren Rennen gezeigt hatte, dass er siegen konnte. Aber in ein oder zwei Jahren konnte aus Archer vielleicht etwas werden.

Mr de Mestre erinnerte sich an die ersten beiden Rennen des ungewöhnlich großen Dreijährigen. Archer hatte die Ziellinie beide Male unplatziert überschritten und dabei eine eher schlechte Figur gemacht. Aber im Frühjahr vergangenen Jahres hatte er beim *Randwick Plate,* bei einigen kleineren Rennen und schließlich beim *Stewards Purse* seine ersten Siege errungen und Mr de Mestre war sicher, dass noch weitere folgen würden.

»Dir gefällt Archer also, ohne dass du sagen kannst, warum?«

Ray nickte stumm. »Ich mag ihn einfach. Er strahlt eine unbändige Kraft aus, als könnte ihn nichts und niemand stoppen.«

In diesem Augenblick donnerten die beiden Hengste an Ray und Etienne de Mestre vorbei. Fox führte zwar mit zwei Längen Vorsprung vor Archer, doch Ray hatte das Gefühl, dass Archer den Abstand in der nächsten Runde verringern würde.

Doch dazu sollte es nicht mehr kommen, denn Mr de Mestre rief jetzt: »Das reicht für heute!« Und augenblicklich ließen die beiden Jockeys ihre Pferde auslaufen. Dann wandte sich der Trainer erneut zu Ray um: »Du kannst Archer trocken reiten.« Er hob die Stimme, als er nach seinem zweiten Stalljungen rief, der ein wenig abseits gestanden und den Trainingslauf ebenfalls beobachtet hatte. »Nick?«

»Sir?« Nick kam diensteifrig auf seinen Boss zu.

»Du kümmerst dich um Fox.«

»Ja, Sir.«

»Und schick mir Tom vorbei. Ich brauche ihn.«

»Ja, Sir.«

Der Jockey, der Archer geritten hatte, kam auf Ray zu und drückte ihm die Zügel in die Hand. Ray stand da wie vom Donner gerührt. Wortlos nahm er die Zügel entgegen. Er sah Archer ins Gesicht, der seinen Blick neugierig und entspannt erwiderte. Von der Anstrengung des Trainings war ihm nicht das Geringste anzusehen.

Ray beobachtete, wie sich Nick in den Sattel schwang, um Fox zurück zum Trabring zu reiten. Die zwei Jockeys, die Mr de Mestre beschäftigte, setzten sich währenddessen bereits auf die Pferde des nächsten Lots, das der Trainer zusammengestellt hatte: Blueberry und Vagabond. Zumindest so viel wusste Ray bereits über Rennpferde: dass stets zwei in etwa gleichstarke Tiere gemeinsam trainiert werden.

Niemand achtete auf Ray. Die Jockeys führten ihre Pferde in gemächlichem Trab zurück auf die Trainingsstrecke und Mr de Mestre sah ihnen aufmerksam hinterher. Archer hingegen schien sich allmählich zu fragen, was mit diesem merkwürdigen Zweibeiner los war, und stupste ihn ungeduldig mit dem Maul an. Doch Ray hatte Angst. Auf einem Pferd wie Archer hatte er noch nie gesessen. Würde er überhaupt in der Lage sein, ihn zu reiten? Und was würde geschehen, wenn er Archer nicht halten konnte?

Applepie war ein gutmütiges kleines Pferd mit mäßigem Temperament gewesen. Es bedurfte schon großer Überredungskunst, sie von einem längeren Galopp zu überzeugen. Seine Ausritte auf der Stute waren dementsprechend in der Regel sehr gemütlich verlaufen.

Archer hingegen war zum Rennpferd geboren. Trotz der – zugegeben kurzen – Trainingsrunde schwitzte er kaum und schien gerade mal warmgelaufen zu sein. Doch Ray wusste, dass er nicht bis in alle Ewigkeit hier stehen bleiben konnte. Wenn Mr de Mestre merkte, dass sein neuer Gehilfe nicht einmal in der Lage war, ein Pferd im Schritt zurück in den Stall zu bringen, dann konnte er sich genauso gut augenblicklich auf den Weg zu den Goldfeldern machen. Von Nicks hämischen Bemerkungen ganz zu schweigen. Hatte Nick nicht sogar behauptet, Ray könne gar nicht reiten?

Ray versuchte seinen Herzschlag unter Kontrolle zu bringen. Das Pferd hatte seine Nervosität sicher längst gespürt und Ray wusste, dass manche Pferde die Unsicherheit ihres Reiters gerne ausnutzten.

Vorsichtig setzte er den linken Fuß in den Bügel. Archer drehte sich ein wenig von ihm weg, als wolle er sagen: »Und was machst du jetzt? Zeig mal, was du kannst …« Ray hüpfte auf einem Bein hinterher. Das fing ja schon gut an! Verstohlen warf Ray einen Blick zu Mr de Mestre hinüber, der allerdings konzentriert das Rennen von Blueberry und Vagabond verfolgte und seine Schwierigkeiten nicht zu bemerken schien.

Endlich bekam Ray genügend Schwung, zog das rechte Bein über Archers Kruppe und landete im Sattel. Vorbildliches Aufsitzen sah zugegebenermaßen anders aus, aber es war eben auch nicht so leicht, sich auf den Rücken eines so großen Pferdes zu schwingen, wenn man gerade einmal einen Meter sechzig groß war.

Doch kaum saß er auf dem Pferderücken, fiel sämtliche Anspannung von ihm ab. Da war es wieder, das Gefühl, das er so lange Zeit vermisst hatte. Er strich Archer zärtlich über den Hals. Archer schlug zweimal unwillig mit dem Kopf, doch dann hatte er sich ebenfalls beruhigt. Und als Ray nun mit der Zunge schnalzte und Archer mit leichtem Wadendruck zu verstehen gab, dass er losgehen konnte, unterschied sich nichts mehr von Rays Erfahrungen mit Applepie. Ein Gefühl des Glücks und der Gelassenheit durchströmte seinen Körper, wie er es zuletzt vor mehreren Jahren empfunden hatte. Und er wunderte sich, wie er noch Minuten zuvor hatte glauben können, er wäre nicht in der Lage, Archer zu reiten!

Mr de Mestre drehte sich um. Er lächelte zufrieden, als er Ray auf Archer davonreiten sah. Einen Augenblick lang hatte er schon befürchtet, er müsse Reverend Smith bereits vor Ablauf der vereinbarten Frist bitten, Ray wieder abzuholen. Denn was sollte er mit einem Stallknecht anfangen, der ein Pferd noch nicht mal 100 Meter weit im Schritt reiten konnte? Er schüttelte den Kopf, als er sich wieder an das Bild des auf einem Bein hinter dem Pferd herhüpfenden Ray erinnerte. Für einen Moment war ihm bei diesem Anblick beinahe das Herz stehen geblieben. Aber nun schienen Ross und Reiter doch zueinandergefunden zu haben. Beruhigt wandte sich de Mestre wieder dem Training zu.

Als Ray an diesem Abend auf seiner piksenden Heumatratze lag, die nichts weiter war als ein mit Stroh gefüllter Stoffsack, fühlte er sich so glücklich wie seit Langem nicht mehr. Er schämte sich fast, das zuzugeben. Natürlich war er zutiefst traurig über den Tod seines Vaters. Und er vermisste Emily so sehr, dass es ihn beinahe körperlich schmerzte. Und dennoch empfand er zum ersten Mal seit elf Tagen eine gewisse Leichtigkeit.

Als der Reverend ihn gefragt hatte, ob er sich für ihn bei Mr de Mestre starkmachen sollte, hatte Ray sofort Ja gesagt. Die Aussicht auf eine Arbeit, bei der er mit Pferden zu tun haben würde, erfüllte sein Herz mit Zufriedenheit. Mit Menschen hatte er sich stets ein wenig schwerer getan. Er war schüchtern, traute sich zum Beispiel nie, ein Mädchen anzusprechen. Und solange er sich zurückerinnern konnte, hatte Ray niemals einen gleichaltrigen Jungen gekannt, den er als Freund bezeichnet hätte. Obwohl er sich sehnlich einen wünschte.

Er wusste nicht, woran es lag. Vielleicht hatte er immer nur Pech gehabt und war in seinem Leben einfach zu vielen Nicks begegnet, die ihn nicht an sich heranließen. Vielleicht waren seine Vorstellungen von Freundschaft zu anspruchsvoll. Oder vielleicht war er im Umgang schwieriger, als er von sich selbst glaubte. Auf jeden Fall hatte er immer nur auf Applepies Rücken Zufriedenheit und Gelassenheit empfunden. Er erinnerte sich an ein Gespräch, das er vor vielen Jahren mit seiner Mutter geführt hatte und in dem sie festgestellt hatten, dass sie beide das gleiche Gefühl beim Reiten liebten. Wenn er reiten konnte, war ihm die Einsamkeit egal. Und heute hatte er nach mehr als vier Jahren zum ersten Mal wieder auf einem Pferd gesessen. Augenblicklich war alles wie damals gewesen. Wenn es nach ihm gegangen wäre, dann hätte die Runde auf der Rasenbahn niemals enden müssen.

Irgendetwas an seinem Bein kitzelte und Ray zappelte mit dem Fuß. Doch das Kitzeln ließ nicht nach. Es hatte am Knöchel begonnen und nun breitete es sich allmählich nach oben aus. Jetzt war es schon an seinem Schienbein. Ray tastete mit der Hand an seinem Bein entlang, um sich zu kratzen – und schrie, als er etwas Haariges, Pelziges fühlte. Augenblicklich bekam er eine Gänsehaut. Er richtete sich ruckartig auf und schrie erneut, als er den kleinen, schwarzen Körper mit acht Beinen daran entdeckte, der vom Mondlicht beschienen wurde.

Die Spinne war nicht einmal besonders groß, auf jeden Fall war es keine giftige Trichternetzspinne, wie sie hier ab und zu vorkam, aber augenblicklich meinte Ray, ihm würde schwarz vor Augen. Eine Spinne! Er *hasste* Spinnen! Sein ganzer Körper schüttelte sich vor Ekel, wenn er eine Spinne auch nur anschauen musste! Und dieses ekelhafte haarige Exemplar saß auf seinem Bein!

Ray schrie zum dritten Mal und sprang mit einem Satz auf die Füße. Dabei knallte er mit dem Kopf gegen den Holzbalken über seiner Schlafstätte und jetzt wurde ihm tatsächlich schwarz vor Augen. Die Spinne landete im Stroh und machte, dass sie davonkam. Mit eiligen kleinen Schritten ihrer acht Beine flüchtete sie – und lief dabei genau auf Ray zu!

Ray hüpfte von einem Fuß auf den anderen, vor Angst, die Spinne könnte ihn noch einmal berühren. Er stolperte und landete mit dem Gesicht genau vor Nick, der sich bereits bei Rays erstem Schrei aufgesetzt hatte und ihn kopfschüttelnd beobachtete. Ray hatte Angstschweiß auf der Stirn und atmete laut und schnell.

Nick grinste von einem Ohr bis zum anderen. »Alles klar mit dir?«, fragte er.

Ray antwortete nicht.

»Ist die Mörderspinne weg?«

Ray seufzte, während er sich mühsam aufrappelte und mit immer noch zitternden Beinen zurück zu seinem Schlafplatz schlich. Er ahnte, dass er Nick mit dem Wissen um seine panische Angst vor Spinnen eine ungeheure Macht in die Hand gegeben hatte. Und das war nur einer der Gründe, warum er auch in dieser Nacht wenig Schlaf finden sollte.

Er drehte die auf einen Stock gespießte Schlange über dem Feuer. Sie wurde allmählich knusprig, aber er hoffte, dass er sie zuvor lange genug gekocht hatte, damit das Fleisch nicht zäh war.

Yalla beobachtete jeden seiner Handgriffe. Er warf ihr ein Stück Fleisch zu, das sie gierig aus der Luft aufschnappte und verschlang, obwohl es noch heiß war.

Als er den Ngurakin *das erste Mal gesehen hatte, war das Tier aus Angst vor ihm schnell davongelaufen. Mit eingeklemmtem Schwanz rannte die Hündin um ihr Leben. Aber sie war nicht weit gekommen, denn sie hatte sich einen ihrer Hinterläufe in einer Falle verletzt und humpelte stark. Er hatte sie mitgenommen und gesund gepflegt. Ohne seine Hilfe wäre die Hündin schon bald verhungert, denn mit dem verletzten Bein konnte sie nicht jagen. Sie war bereits stark abgemagert, als er sie fand, und es hatte Wochen gedauert, sie ein wenig aufzupäppeln. Er hatte sie Yalla genannt. Die, die schnell wegläuft.*

Nun war es sein *Hund, kein* Ngurakin *mehr, kein wilder Dingo, sondern ein* Walaku. *So hatte das Volk seiner Mutter die Dingos genannt, die mit ihnen lebten.*

Er war froh, dass Yalla bei ihm war. Durch sie fühlte er sich nicht so allein. Seine Mutter hatte ihm, als er kleiner gewesen war, Geschichten über die Ngurakin *erzählt. Dass sie Übernatürliches sehen und Menschen vor bösen Mächten warnen und beschützen können. Dass es Dingomenschen gibt, die ihre Gestalt wandeln. Aber auch, dass manche* Ngurakin *Menschen töten und fressen. Mamu etwa, der den Geist jedes Kindes fängt und frisst, das sich vom Lagerfeuer entfernt. Von*

Mamu hatte ihm seine Mutter erzählt, nachdem er einmal davongelaufen war. Er musste lächeln, als er jetzt daran zurückdachte.

Er riss ein Stück Fleisch ab und probierte. Es war knusprig, so wie er es mochte, und schmeckte nach Hühnchen.

Yalla winselte und er fütterte sie ebenfalls mit der Schlange. Morgen wollte er mit ihr auf die Jagd gehen. Vielleicht konnten sie ein Känguru erwischen, das ihnen für mehrere Tage Fleisch geben würde. Und wenn nicht, dann musste er sich eben auf die Suche nach Nüssen und Beeren machen. Oder nach Holzbohrer-Maden Ausschau halten, wie seine Mutter es ihm beigebracht hatte.

… sie zog sodann durch das Land, ging in alle Richtungen. Sie wanderte überall hin, und wenn sie müde wurde, rollte sie sich zusammen und schlief.

Oodgeroo

DER Gedanke, dass von nun an jeder Morgen gleich beginnen würde, hatte für Ray nichts Erschreckendes. Im Gegenteil. Er liebte bereits jetzt, nach wenigen Tagen, seine morgendliche Routine. Vor Sonnenaufgang aufstehen, ein paar Handvoll kaltes Wasser ins Gesicht und die Ställe ausmisten. Er hätte auch gerne einmal mit Nick getauscht und die Pferde gestriegelt, aber er wusste, dass der ältere Stalljunge dieses Privileg für sich beanspruchte. Umso mehr genoss er jede Minute, die er im direkten Kontakt mit den Tieren verbringen durfte: die Pferde auf die Weide führen, satteln, fürs Training aufwärmen … Und er war froh, dass Archer nicht zu Nicks Lieblingen gehörte und er den kräftigen, jungen Hengst unter seine Fittiche nehmen konnte. Wann immer sich die Gelegenheit bot, kümmerte er sich um ihn, führte ihn Runde für Runde um das Gestüt, spritzte ihn nach dem Training ab oder brachte ihm heimlich ein Stück Apfel als besonderen Leckerbissen.

»Was findest du nur an Archer?«, fragte ihn Nick einmal.

Ray zuckte mit den Achseln. »Er ist ein gutes Pferd.«

»Ja, das sind die anderen Pferde hier im Stall auch«, entgegnete Nick. »Aber du scheinst nur Augen und Ohren für Archer zu haben …«

Ray lächelte. Es stimmte, er hatte irgendwie einen Narren an Archer gefressen, hätte aber nicht zu sagen vermocht, woran das eigentlich lag. Der Hengst hatte irgendwie einen richtigen Charakter. Er war ruhig und lieb, aber er hatte auch seinen eigenen Kopf. Und das gefiel Ray. Der Braune war anders als die anderen Pferde. Jedenfalls empfand Ray das so. Wenn er morgens mit Nick zusammen den Stall betrat, war es, als beachte das Pferd nur ihn. Vielleicht war es ja sogar so, dass Archer ihn ausgewählt hatte?

Auf jeden Fall freute Ray sich morgens, nach getaner Arbeit, wenn die Pferde bereits genüsslich ihr erstes Kraftfutter zwischen den Zähnen zermalmten, auf sein eigenes kräftiges Frühstück, das die dicke Köchin Elizabeth für sie zubereitete: Eier mit Speck, Porridge, frisches Brot und Kaffee, der so heiß war, dass man sich die Zunge daran verbrannte.

Ray wusste inzwischen, dass Tom immer erst zum Frühstück erschien und er bis dahin allein mit Nick zurechtkommen musste. Aber das störte ihn nicht. Er dachte einfach an Emily, überlegte, ob sie sich bei Tante Amy in Melbourne mittlerweile heimisch fühlte oder ob sie ihn vielleicht noch vermisste. Er jedenfalls vermisste seine kleine Schwester sehr, die sich immer über ihn lustig gemacht hatte, wenn er wieder einmal seine panische

Angst vor Spinnen zeigte. Ihr Kichern, wenn er entsetzt aufsprang, ihre Art, ihn aufzuziehen, indem sie die Spinne einfach an einem ihrer acht langen Beine in die Höhe hielt und vor seinem Gesicht zappeln ließ, wobei sie sein aufgeregtes Geschrei nachmachte. Sicher, auch darüber hatte er sich geärgert, aber dennoch war es etwas anderes als Nicks gehässige Art, sich über ihn und seine Spinnenangst lustig zu machen. Mehrmals bereits hatte er, als er sich abends auf seine Heumatratze legen wollte, eine unangenehme Begegnung mit einer toten Spinne unter seiner Bettdecke gehabt. Und er konnte sich an zwei Fingern ausrechnen, wie es dazu kam, dass die Spinnen immer ausgerechnet auf seinem Schlaflager verendeten.

Als er an diesem Morgen hinter Nick die große Küche betrat, stellte er überrascht fest, dass Tom bereits da war. Er saß der dicken alten Köchin gegenüber an dem großen Holztisch und hielt den *Sydney Herald* aufgeschlagen in den Händen.

»Da würde ich ja zu gern mal dabei sein«, sagte Tom gerade zu Elizabeth, die sich ihre Hände an einem schon etwas schmutzigen Küchentuch abrieb, während sie über die Schulter des jungen Mannes ebenfalls einen Blick in die Zeitung warf.

»Wo würdest du gerne mal dabei sein?«, fragte Nick und setzte sich an den Küchentisch.

Ray lächelte Elizabeth stumm zu und nahm ebenfalls Platz.

»Es gibt ein neues großes Rennen in Melbourne«, erklärte Tom. »Es geht über zwei Meilen und der Sieger erhält 710 Gold Sovereigns und eine goldene Armbanduhr.«

»Nicht schlecht«, sagte Nick und schob sich eine Gabel Rührei in den Mund.

»Veranstalter ist der *Victorian Turf Club*. ›Wir werden die Geschichte Australiens neu schreiben‹, steht hier. Na, die haben ja Selbstbewusstsein.« Tom nahm einen Schluck Kaffee aus seinem Becher. Dann prustete er plötzlich los. »Hört mal, was sie hier schreiben: ›Laut Robert Bagot soll Frauen am Renntag freier Eintritt gewährt werden. Wo Frauen sind, werden Männer folgen, ließ sich der Vorsitzende des *Victorian Turf Clubs* vernehmen. Und er fügte hinzu: Dieses Rennen wird das bedeutendste in der Historie des Rennsports. Die ganze Welt wird auf Melbourne blicken. Ich erwarte Tausende Zuschauer!‹«

»Na toll, Frauen und Pferde, wohin das Auge blickt, und wir kriegen hier nichts von alldem mit!«

»Wird Mr de Mestre denn keins seiner Pferde hinschicken?« Ray rührte nachdenklich sein Porridge um.

»Würde er vielleicht schon, wenn er früh genug davon erfahren hätte, aber das Rennen findet bereits in vier Wochen statt.«

»Ja und?«

Nick schnaubte, als wäre er fassungslos über Rays Begriffsstutzigkeit. »Wie willst du denn in nur vier Wochen ein Pferd von Jembaicumbene nach Melbourne kriegen?«

Ray zuckte mit den Schultern. »Mit dem Schiff?«

»Dafür müsstest du aber erst einmal nach Sydney kommen, das sind 180 Meilen! Und wie willst du die bewältigen? Zu Fuß?« Nick lachte.

»Warum nicht?«

»Für die Strecke bräuchtest du bestimmt eine ganze Woche!« Nick schaute Ray an, als hätte der nicht mehr alle Tassen im Schrank.

»Nick hat recht«, meinte auch Tom. »Wenn wir früher von dem Rennen erfahren hätten, dann hätte Mr de Mestre bestimmt ein oder zwei Pferde hingeschickt. Aber jetzt ist die Zeit zu knapp. Den Trainingsrückstand, den die Pferde während der Schiffspassage erleiden würden, könnten wir in Melbourne nicht mehr rechtzeitig aufholen.«

»Genau«, sagte Nick. »Wir müssten mindestens vier Wochen vorher da sein, um die Pferde vor Ort trainieren zu können. Eine knappe Woche unter Deck eines Schiffes ist eine enorme Strapaze für die Tiere. Die Muskeln bauen sich ab und die gesamte Konstitution leidet.« Er schüttelte entschieden den Kopf. »Da merkt man doch, dass du keine Ahnung hast.«

Aber Ray war immer noch nicht überzeugt. »Und wenn man direkt zu Fuß nach Melbourne ginge? Dann könnte man das Pferd unterwegs trainieren. Ich meine, was anderes machen wir hier schließlich auch nicht.«

Sogar Tom lächelte. »Wer wäre schon so verrückt, mit einem Pferd 500 Meilen weit quer durch Australien zu laufen? Noch dazu über die Berge! Vermutlich liegt da sogar noch Schnee!«

Nick verschluckte sich vor Lachen beinahe an seinem Brot. »Etwas Verrückteres habe ich wirklich noch nie gehört«, sagte er. »Den Idiot, der so etwas macht, möchte ich gerne mal kennenlernen!«

»Und was ist mit Burke und Wills?«, meinte Ray. »Die durchqueren schließlich auch Australien. Noch dazu von Süden nach Norden, mitten durchs Zentrum, über eine Strecke von 2000 Meilen! Sind das etwa auch Idioten?«

»Die sind jedenfalls nicht alleine unterwegs, sondern haben eine ganze Expedition dabei: Pferde, Kamele, Männer …« Nick kicherte. »Aber verrückt sind sie wahrscheinlich schon.«

»Und außerdem verschwunden. Niemand weiß, ob sie überhaupt noch leben«, fügte Tom hinzu.

Doch Ray war auf einmal sehr nachdenklich geworden.

»Das ist völlig abwegig. Schlag dir das aus dem Kopf!«

»Aber warum? Ich könnte Archer unterwegs trainieren, indem ich ihn abwechselnd ein Stück führe, reite und hin und wieder einen Kanter einlege … Was spricht dagegen?«

Mr de Mestre blieb so ruckartig stehen, dass Ray, der ihm dicht auf den Fersen war, beinahe in ihn hineingelaufen wäre. »Hast du auch nur einen Gedanken daran verschwendet, welche Gefahren auf so einer weiten Strecke auf dich lauern können? Buschräuber, Aborigines, giftige Schlangen und Spinnen … Was ist, wenn sich Archer unterwegs verletzt? Ist dir klar, welche Risiken auch für ihn mit so einem Vorhaben verbunden sind?«

Ray schwieg. Natürlich hatte er über all das nachgedacht. Aber das Ziel erschien ihm so verlockend, dass er bereit war, ein gewisses Risiko einzugehen.

»Zugegeben, Archer ist in einer ausgezeichneten Verfassung«, fuhr Mr de Mestre fort und es klang, als dächte er ernsthaft über diese Möglichkeit nach. »Wenn eins unserer Pferde die nötige Konstitution für so ein Unternehmen besitzt, dann er ... Fox ist zwar das schnellere Pferd, aber er ist gesundheitlich doch auch immer sehr anfällig.«

Ray horchte auf. Würde er etwa doch die Chance bekommen zu beweisen, dass Archer das beste Pferd im Stall war? Und würde er vielleicht Gelegenheit bekommen, Emily wiederzusehen?

»Aber es wäre unverantwortlich von mir, einen jungen, unerfahrenen Burschen wie dich mit einem kostbaren Rennpferd alleine loszuschicken.« Er sah Ray ins Gesicht, der bereits den Mund öffnete, um weitere Argumente vorzubringen, doch Mr de Mestre ließ ihn gar nicht erst zu Wort kommen: »Nein!«, sagte er bestimmt. »Und meine Entscheidung ist unwiderruflich: Nein!«

Ray ließ den Kopf sinken.

Mr de Mestre legte ihm tröstend eine Hand auf die Schulter. »Nächstes Jahr werden wir rechtzeitig Bescheid wissen. Dann buchen wir eine Schiffspassage und du kommst als Archers Stallbursche mit. Einverstanden?«

Ray nickte.

Zum ersten Mal hatte Mr de Mestre ihm gegenüber angedeutet, dass er zufrieden mit ihm war und ihn behalten wollte. Schließlich hatte er vom kommenden Jahr gesprochen! Also hatte er auch dem Reverend wahrscheinlich bereits gesagt, dass Ray bleiben durfte.

Trotzdem war Ray zutiefst enttäuscht und versuchte seine Gefühle zu verbergen. Zwar hatte er ohnehin nicht ernsthaft damit gerechnet, dass Mr de Mestre ihn mit Begeisterung losziehen lassen würde, doch das endgültige Aus seiner Pläne war nichtsdestoweniger schmerzlich.

Mr de Mestre sah Ray hinterher, der mit gesenktem Kopf an seine Arbeit zurückkehrte. Er hätte dem Jungen nur zu gerne seinen Wunsch erfüllt – zumal es auch sein eigener Traum war, mit einem der Pferde, die er trainierte, das große neue Rennen in Melbourne zu dominieren. Was für eine Publicity das für ihn bedeuten würde! Und natürlich wäre die Aufmerksamkeit der Öffentlichkeit bei diesem erstmalig ausgetragenen Rennen am größten, aber ... Mr de Mestre seufzte. Er durfte davon träumen, ja, aber es war seine Pflicht, auf dem Boden der Tatsachen zu bleiben. Und Tatsache war, dass er hier, 500 Meilen von Melbourne entfernt, zu spät von dem Rennen erfahren hatte. Vermutlich wollten die Rennstallbesitzer Victorias diesen Wettstreit unter sich ausmachen und legten nicht den geringsten Wert auf die Konkurrenz aus New South Wales. Mr de Mestre merkte, wie er bei diesem Gedanken ärgerlich wurde. Aber es ließ sich nun einmal nicht ändern.

»Was hast du denn geglaubt?« Nick grinste hämisch. »Dass Mr de Mestre dir, einem dahergelaufenen, vollkommen unerfahrenen Stallburschen sein bestes Pferd überlässt, damit du mit ihm deine Schwester in Melbourne besuchen kannst?«

»Ich dachte, du hältst Blueberry für das beste Pferd im Stall?«, antwortete Ray, ohne aufzublicken.

»Nein«, entgegnete Nick, »tue ich nicht. Ich denke, dass Fox besser ist als Archer. Er hat auch bereits mehr Preise eingeheimst. Wenn ich ein Pferd zu diesem Rennen nach Melbourne schicken würde, dann wäre es Fox.«

»Auf langen Strecken ist Archer besser als Fox«, widersprach Ray. »Und das Rennen in Melbourne soll über zwei Meilen gehen. Fox ist zwar ein guter Starter, er kann ein kurzes Rennen von vorne machen, aber er hat keine Kondition. Nach eineinhalb Meilen würde er einbrechen. Und das ist die Distanz, nach der Archer erst richtig loslegt.«

»Ohhh«, machte Nick und zog scheinbar überrascht die Augenbrauen hoch. »Hört euch den Fachmann an«, spottete er. »Gerade mal zwei Wochen da und schon weiß er besser Bescheid als alle anderen zusammen.«

Ray schüttelte stumm den Kopf. Er hatte nicht die Absicht, sich mit Nick zu streiten. Er wusste einfach, dass er recht hatte. Archer wurde fast immer mit Fox zusammen trainiert. Es stimmte zwar, dass Fox aus den Trainingsläufen stets als Sieger hervorging, doch die Strecke, die die beiden Hengste im Training absolvierten, war auch nur eineinviertel Meilen lang. Und Ray hatte sowohl Archer als auch Fox nach den Rennen gesehen: Während Fox meistens einen angestrengten Eindruck machte, verschwitzt war und die Adern unter seiner Haut deutlich hervortraten, wirkte Archer entspannt. Er schien nach einer Meile gerade mal warmgelaufen zu sein.

»Weißt du«, fuhr Nick fort und betrachtete dabei nachdenklich den Striegel in seiner Hand, mit dem er soeben Blueberry bürstete, »ich würde nur zu gerne mit dir wetten und dir beweisen, dass du unrecht hast. Fox ist immer schneller als Archer. Selbst wenn das Rennen über drei Meilen ginge ...«

»Warum nicht über zwei?«

Die Frage kam unvermittelt und überraschend. Nick zuckte zusammen und drehte sich ruckartig um, als er die tiefe Stimme seines Boss' hörte. Und Ray, der in Blueberrys Box stand und gerade eine Schaufel Mist auf die Schubkarre hieven wollte, ließ vor Schreck beinahe die Forke fallen.

Mr de Mestre schmunzelte. »Eine interessante Wette, die du da vorgeschlagen hast, Nick«, sagte er. »Ich denke, wir sollten sie in die Tat umsetzen.«

»Sir?«

»Ja, warum nicht«, fuhr Mr de Mestre fort. »Und das Beste daran wird sein, dass ihr, du und Ray, die Pferde eurer Wahl reitet. Morgen früh. Statt des regulären Trainings.«

»Aber Sir!«

Nick wollte widersprechen, doch Mr de Mestre schnitt

ihm das Wort ab. »Wir sehen uns pünktlich wie immer auf der Trainingsbahn.«

Bevor sich Etienne de Mestre abwandte, warf er einen Blick auf Ray, der bis jetzt noch keinen Ton von sich gegeben hatte. Er sah das glückliche Lächeln auf den Lippen seines Stallburschen und nickte zufrieden.

Rays Vorfreude war so groß, dass er wieder einmal keinen Schlaf fand. Ein richtiges Rennen, bei dem er endlich zeigen konnte, was in ihm steckte, und vor allem, was in Archer steckte! Er konnte den nächsten Morgen kaum erwarten.

Während Nick die ganze Zeit über Mr de Mestre geschimpft hatte, wie verantwortungslos der Trainer mit den ihm anvertrauten Pferden umging, hatte Ray geschwiegen. Er bewunderte Mr de Mestre für seine ungewöhnliche Handlungsweise und den Mut, den er damit bewies.

Er war nun seit etwas mehr als zwei Wochen hier und er hätte blind sein müssen, um nicht zu bemerken, dass Nick jedem mit seiner schroffen und oft überheblichen Art auf die Nerven ging. Vermutlich war Mr de Mestre nicht zuletzt daran gelegen, Nick einen Denkzettel zu verpassen und ihn in seine Schranken zu weisen. Zumindest, wenn er, wie Ray annahm, ebenfalls davon ausging, dass Archer gute Chancen hatte, gegen Fox zu gewinnen. Aber wenn es so war, warum war er dann noch nicht selbst auf die Idee gekommen, die Trainingsstrecke für Archer zu verlängern?

Es war Elizabeth, die Köchin, die Nick schließlich dazu gebracht hatte zu schweigen. »Wenn du jetzt nicht endlich die Klappe hältst und aufhörst, über den Boss herzuziehen, dann bekommst du von mir in Zukunft nur noch Wasser und Brot!«, hatte sie ihm während des Abendessens gedroht. Und seit diesem Augenblick hatte Nick nicht ein einziges Mal mehr den Mund aufgemacht.

Ray glaubte nicht, dass Elizabeths Drohung Nick tatsächlich eingeschüchtert hatte. Der junge Mann gefiel sich vielmehr in der Rolle des missverstandenen Märtyrers. Auch jetzt lag er schmollend auf seiner Matratze und wandte Ray den Rücken zu.

Morgen wird er ausgiebig Gelegenheit haben, meinen Rücken zu betrachten, während er auf Fox hinter mir herrennt, dachte Ray. Und mit diesem Gedanken schlief er endlich zufrieden ein.

Auch Etienne de Mestre fand nur schwer in den Schlaf. Den ganzen Abend über hatte er sein Kartenmaterial gesichtet, war im Geiste alle Optionen durchgegangen, die sich ihm boten, und war zu dem Schluss gekommen, dass es funktionieren konnte. Er horchte in sich hinein, um festzustellen, welches Gefühl überwog: das schlechte Gewissen, das er empfand, oder die positive Aufregung über die unerwartete Chance, die sich ihm bot.

Als er schließlich die Karten zusammenlegte, hatte er einen Entschluss gefasst. Und er war gespannt darauf, wie sich der nächste Morgen gestalten würde. Denn davon hing alles ab. Er freute sich bereits auf Rays Gesicht, wenn er ihm seinen Plan erläuterte.

Der Junge hatte ihn überrascht. Seine Ansicht über Archers Qualitäten als Langstreckenläufer verriet sein gutes Auge für Pferde. Auch ihm war aufgefallen, dass Archer die relativ kurze Trainingsstrecke, die er regelmäßig absolvierte, erstaunlich leichtfiel. Und er hatte die gleichen Rückschlüsse daraus gezogen wie Ray, nämlich dass Archer in Rennen, die über zwei Meilen oder mehr gingen, ein aussichtsreicher Kandidat für den Sieg war. Bisher hatte sich ihm keine Gelegenheit geboten, diese Hypothese zu untermauern, aber das konnte sich bald ändern. Vielleicht sogar schon sehr bald.

Es war ein herrlicher Morgen. Noch war die Luft kühl und erfrischend. Ein leichter Wind ließ die Blätter an den Bäumen rascheln. Selbst die dicke Köchin Elizabeth hatte ihren Platz am Herd verlassen und stand neben dem Boss am Rand der Rennbahn.

Mr de Mestre musterte seine Ersatzjockeys, die beide bereits auf ihren Pferden saßen. Ray hatte mit seinen 16 Jahren tatsächlich die Statur eines Jockeys. Er war klein, etwa einen Meter sechzig, und obwohl er dank Elizabeths gutem Essen mittlerweile nicht mehr ganz so ausgemergelt aussah wie vor etwa zwei Wochen, als der Trainer ihn zum ersten Mal an der Seite des Reverends gesehen hatte, war er auffallend dünn. Mr de Mestre schätzte ihn auf höchstens 48 Kilo. Auch Nick war nicht gerade groß – eher entsprach er dem Durchschnitt – und bis vor eineinhalb Jahren hatte er selbst noch geglaubt, dass eine Karriere als Jockey für ihn möglich sei. Doch dann hatte der letzte Wachstumsschub seinen Traum platzen lassen. Nun war er mit seinen 18 Jahren etwa 1,70 groß und wog dabei 62 Kilo. Zu viel, um als Jockey Erfolg zu haben.

»So«, sagte Mr de Mestre und rieb sich erwartungsvoll die Hände. »Die Strecke ist euch vertraut, trotzdem wird Tom am Start- und Zielpunkt stehen und euch Zeichen geben.«

Ray nickte eifrig. Er konnte seine Vorfreude kaum verbergen und auch Archer schlug bereits ungeduldig mit dem Kopf, während Nick missmutig seufzte und seine schlechte Stimmung auf Fox zu übertragen schien.

»Aber das ist noch nicht alles«, fuhr Mr de Mestre fort, als er merkte, dass sich Nick bereits abwenden wollte. »Ich will, dass ihr beide euer Bestes gebt, und habe mir deshalb einen besonderen Anreiz ausgedacht.« Er machte eine Pause und genoss die erwartungsvollen Gesichter der beiden jungen Männer. »Nick hat eine Wette vorgeschlagen. Er wollte beweisen, dass Fox schneller ist als Archer. Ray ist anderer Ansicht.« Wieder schwieg der Trainer. Es waren nur einige Sekunden, doch Ray kam es vor, als wären es Stunden, die er warten musste, bis de Mestre endlich weitersprach: »Bei einer Wette geht es immer um einen Gewinn. Das gilt natürlich ebenso für Pferdewetten. Ray wettet auf Archer«, er nickte dem Jungen zu, »und Nick auf Fox.« Ray erwartete fast, dass der Trainer nun wieder eine bedeutungsvolle Pause einlegen würde, aber er fuhr unvermittelt fort: »Wenn Archer gewinnt, wird er mit Ray nach Melbourne gehen. Wenn Fox gewinnt, bleiben sie hier, denn das ist es, was Nick sich wünscht.«

Es dauerte eine Weile, bis Ray die Bedeutung der Worte verstanden hatte. Er starrte Mr de Mestre mit offenem Mund an und erst, als Elizabeth sich zu ihrem Arbeitgeber umwandte und ihn mit unverhohlenem Entsetzen betrachtete, begriff er, worum es bei diesem Rennen gehen sollte. Wenn er gewann, erhielt er von Mr de Mestre tatsächlich die Erlaubnis, die Reise nach Melbourne, 500 Meilen quer durch New South Wales und Victoria, anzutreten.

»Aber Sir!« Nick riss fassungslos die Augen auf und Fox begann augenblicklich zu tänzeln, als sich die Erregung seines Reiters auf ihn übertrug, doch Mr de Mestre schnitt Nick mit einer einzigen Handbewegung das Wort ab.

»Alles Weitere besprechen wir nach dem Rennen«, sagte er und sein Tonfall duldete keinen Widerspruch. Er gab Archer und Fox einen Klaps auf die Kruppe und Nick hatte keine andere Wahl, als sein Pferd zu wenden und es hinter Ray her zur Startlinie zu führen, an der Tom bereits auf sie wartete. Weder er noch Ray sahen, wie Elizabeth missbilligend den Kopf schüttelte. Und sie hörten auch nicht ihr gezischtes: »Ich hoffe, Sie wissen, was Sie da tun, *Sir.*«

Ray spürte, wie schnell sein Herz klopfte. Er konnte kaum glauben, dass Mr de Mestre es ernst meinte. Aber der Boss würde wohl kaum ein falsches Spiel mit ihnen spielen. Oder doch?

Nick murmelte leise irgendwelche Schimpfwörter vor sich hin und Tom musste ihn zweimal ermahnen, auf sein Zeichen zu achten, damit er den Start nicht verpasste. Aber da hätte er sich keine Sorgen zu machen brauchen. Kaum bewegte Tom die Startfahne nach unten, stieß Nick seinem Hengst die Hacken in die Flanken und Fox preschte davon.

Ray ärgerte sich, denn er selbst war aufgrund des vorangegangenen Gezeters unaufmerksam gewesen und hatte einen guten Start verpasst. Fox hatte bereits drei Längen Vorsprung, als sich Archer endlich schwerfällig wie eine Dampflok in Bewegung setzte. Er schien regelrecht anzurollen und Ray befürchtete, der misslungene Start würde sie den Sieg kosten. Dennoch war es ein atemberaubendes Gefühl. Er nahm nichts anderes mehr wahr, als das rhythmische Schlagen von Archers Hufen auf dem Untergrund und Nick dicht vor ihm, der mit einer kurzen Reitgerte auf Fox eindrosch, als hinge sein Leben davon ab. Alles andere, Mr de Mestre, der ihnen mit vor der Brust verschränkten Armen zusah, Elizabeth und Tom, die sie mit Rufen anfeuerten, drang nicht bis in sein Bewusstsein vor.

Jetzt näherten sie sich bereits der Wendemarke und obwohl Archer die Distanz zu dem anderen Pferd ein wenig verringert hatte, trennten sie immer noch etliche Fuß.

Ray lehnte sich im Sattel weit nach vorne und ließ

die Zügel locker. Er spürte Archers Wunsch zu laufen, seine Freude an der Bewegung und der eigenen Kraft. Nun waren sie dicht hinter Fox. Nick drehte sich um und sah seine Verfolger aufrücken. Noch einmal schlug er mit der Gerte auf Fox' Kruppe ein und stieß dem Fuchs die Fersen fester in die Flanken. Doch es nutzte nichts. Archer hing an ihm wie ein Eisenbahnwaggon am anderen.

Jetzt tauchte die Wendemarke in Rays Blickfeld auf. Er versuchte Archer an Fox vorbeizulenken. Doch ausgerechnet in der engen Kurve führte Nick Fox ruckartig nach innen und der Fuchs rempelte seinen Kontrahenten im vollen Lauf an.

Archer geriet ins Straucheln und verlor den Takt, der Abstand zu Fox vergrößerte sich wieder. Ray sah Nicks schadenfrohes Grinsen, als er sich erneut zu ihnen umwandte. Doch noch trennte sie eine halbe Meile vom Zielpunkt.

»Lauf, Archer, lauf«, flüsterte Ray dem Hengst ins Ohr und der Braune schien ihn zu verstehen, denn augenblicklich beschleunigte er noch einmal und fand in seinen alten Takt zurück. Gleichmäßig und kraftvoll schlugen die Hufe auf den festen Untergrund. Meter für Meter kämpfte sich der große braune Hengst an den Führenden heran. Und während Fox allmählich die Kräfte verließen, hatte Archer nun endgültig seinen Rhythmus gefunden. Ray brauchte nichts weiter zu tun, als Archer genügend Zügelfreiheit zu lassen.

Mr de Mestre nickte zufrieden, während er das Rennen

der beiden Pferde stumm beobachtete. Es war genauso, wie Ray gesagt hatte. Nach eineinhalb Meilen brach Fox ein und Archer holte den Rückstand in Sekundenschnelle auf. Kurz vor der Ziellinie war er mit Fox gleichauf und sosehr Nick auch auf seinen Hengst einschlug – gegen Archers Ausdauer und Kraft blieb er chancenlos. Mit einer halben Länge Vorsprung galoppierte Archer über die Ziellinie.

Tom schwenkte die Zielfahne und die dicke Elizabeth sprang vor Freude auf und ab. Einen winzigen Augenblick lang fürchtete Mr de Mestre sogar, seine Köchin würde ihm aus lauter Überschwang um den Hals fallen, doch dann räusperte sie sich verlegen und zog ihre Schürze glatt.

Ray klopfte Archer auf die Schulter. Er fühlte sich, als hätte er soeben den ersten Platz im *Queens Plate* gewonnen. Tom strahlte ihn an und half ihm aus dem Sattel, Elizabeth stürzte so schnell sie ihre kurzen Beine trugen auf ihn zu und sogar Mr de Mestre löste sich vom Zaun und betrat gemächlichen Schrittes die Rennbahn.

Nick stand mit zornesrotem Gesicht neben Fox, dessen Brust schweißnass glänzte und der vor Anstrengung regelrecht zitterte, und starrte vor sich auf den Boden. Es war nicht zu übersehen, dass er die Lobeshymnen auf den Sieger nur schwer ertrug und sich beherrschen musste, um nicht vorzeitig den Platz zu verlassen.

Mr de Mestre stellte sich vor Fox und klopfte ihm lobend auf den Hals. »Gut gemacht, Junge«, sagte er und sein Blick glitt vom Pferd weg zu Nick hinüber. »Du auch«, fuhr er fort, »ihr habt euch achtbar geschlagen.« Er kratzte sich an der Wange. »Apropos schlagen … das nächste Mal möchte ich etwas weniger Einsatz der Reitgerte sehen.«

»Ja, Sir«, quetschte Nick zwischen zusammengepressten Lippen hervor.

»Und es ist die erste Pflicht eines Jockeys, sein Pferd nach dem Rennen für seine Leistung zu loben. Unabhängig davon, ob es gewonnen hat oder nicht.«

»Ja, Sir.«

Dann wandte sich Mr de Mestre an Ray, der mit einem strahlenden Lächeln im Gesicht vor ihm stand, und nickte stumm. »Gut«, sagte er lediglich. »Wir haben einiges zu besprechen. Ich erwarte dich heute Abend nach dem Essen bei mir.«

»Ja, Sir.«

Mr de Mestre wandte sich ab und überließ Ray Tom und Elizabeth, die ihn weiter bestürmten und ihm unablässig auf die Schultern klopften, bis sich Ray einige Zentimeter kleiner fühlte.

Rays Herz raste, als er in der hereinbrechenden Abenddämmerung an Mr de Mestres Tür klopfte. Nick war ihm den ganzen Tag über aus dem Weg gegangen. Dafür hatten alle anderen an seinem Rockzipfel gehangen und ihn mit mehr oder weniger erwünschten, aber in jedem Fall gut gemeinten Warnungen nervös gemacht. Aborigines, giftige Schlangen, Skorpione und Spinnen, wilde Dingos, Buschbrände, mordlustige Strauchdiebe und Wegelagerer ... Es gab keine Gefahr, auf die er nicht nachdrücklich aufmerksam gemacht worden war.

Es war das erste Mal, dass er die privaten Räume seines Arbeitgebers betreten sollte. Er zupfte sich soeben die Jacke gerade, als die Türe vor ihm geöffnet wurde.

»Komm rein, es gibt noch manches zu klären, bevor du deine Sachen packst«, sagte der Boss, wandte sich um und ging durch einen langen, schmalen Flur voraus.

Ray schloss die Tür hinter sich und folgte Mr de Mestre. Der Flur war dunkel und Ray fühlte sich unbehaglich. Was konnte den Trainer dazu bewogen haben, seine Meinung zu ändern und ihm nun doch zu gestatten, mit Archer die lange beschwerliche Reise anzutreten? Bisher hatte Ray nicht den Eindruck gehabt, dass Mr de Mestre in seinen Ansichten wankelmütig war. Und doch hatte er ihm noch gestern versichert, dass seine Entscheidung, ihn nicht nach Melbourne zu schicken, unumstößlich wäre.

De Mestre bog am Ende des Flures nach links ab und Ray folgte ihm in ein kleines, spärlich beleuchtetes Arbeitszimmer. Auf einem großen, massiven Schreibtisch lagen etliche Karten ausgebreitet, über die sich der Mann jetzt beugte. »Du hast dich sicherlich schon gefragt, warum ich meine Meinung, dich nach Melbourne reisen zu lassen, geändert habe.« Er blickte auf und dem Jungen, der schüchtern vor seinem Schreibtisch stehen geblieben war, unverwandt ins Gesicht.

»Ja, Sir«, antwortete Ray mit Verzögerung. »Das habe ich mich tatsächlich gefragt.«

»Ich erkläre es dir«, sagte Mr de Mestre und winkte Ray zu sich heran, sodass jetzt beide nebeneinander an dem Schreibtisch standen und ihre Köpfe über die ausgebreiteten Karten beugten. »Ich habe den gestrigen Abend und den heutigen Tag damit zugebracht, über eine mögliche Reiseroute nachzudenken. Und hier ist das Ergebnis.«

Ray betrachtete das aufgeschlagene Kartenmaterial. De Mestre hatte darauf eine Strecke markiert, die von Jembaicumbene nach Melbourne führte. Hier und da waren Punkte in dem Streckenverlauf eingetragen.

»Was sind das für Punkte, Sir?«

Mr de Mestre strahlte Ray an, als hätte er ihm soeben ein überraschendes Geschenk bereitet. »Ich habe die Strecke so gewählt, dass du erstens die Berge ein wenig umgehen kannst und zweitens nach den meisten Etappen bei einem befreundeten Gestüt oder bei Bekannten von mir Unterschlupf findest. Dadurch wird der Weg zwar ein wenig länger, aber du kannst dich unterwegs ausruhen, deine Vorräte auffüllen und erhältst Hilfe, wenn du sie brauchst. Ich gebe dir einen Brief mit, der dich ausweist und dafür sorgen wird, dass man dich in allem unterstützt.«

»Das ist sehr freundlich von Ihnen, Sir.«

»Auf diese Weise werde ich auch regelmäßig Nachricht von deiner Reise erhalten und wissen, wie du vorankommst.«

Ray nickte. Jetzt wusste er, warum Mr de Mestre seine Meinung geändert hatte. Er hatte einen Weg gefunden, die Risiken für ihn und Archer so gering wie möglich zu halten.

»Du wirst einen Umweg von etwa 60 Meilen machen müssen. Aber dafür brauchst du nicht über die Snowy Mountains. Das wird dir wiederum mindestens einen Tag Zeitersparnis bringen, sodass du nicht länger unterwegs sein dürftest als ohne diesen Umweg.«

Ray nickte erneut. Er konnte es jetzt kaum noch erwarten aufzubrechen. Tatsächlich hatte ihm die Vorstellung, die Snowy Mountains zusammen mit Archer überqueren zu müssen, Magenschmerzen bereitet. Nicht nur ihre enorme Höhe von weit über 6.000 Fuß, vor allem die Aussicht auf Schnee, der um diese Jahreszeit dort nicht ausgeschlossen war, hatte ihm Bauchschmerzen bereitet.

Mr de Mestre öffnete die oberste Schublade seines Schreibtischs und zog ein Dokument daraus hervor. »Hier habe ich dir eine Adresse in Melbourne notiert. Melde dich sofort nach deiner Ankunft dort. Ich werde dein Erscheinen ankündigen und dafür sorgen, dass du Archer da unterstellen kannst. Außerdem soll man dir bei der Suche nach einem Jockey behilflich sein. Ich werde natürlich auch von hier aus sehen, was ich tun kann, aber oftmals ist es besser, vor Ort zu sein.«

»Ach ja«, murmelte Ray, dem in diesem Moment auffiel, dass sein Auftrag nicht damit beendet sein würde, Archer nach Melbourne gebracht zu haben. Vor lauter Aufregung hatte er das Ziel der Reise, die Teilnahme am ersten *Melbourne Cup*, ganz aus den Augen verloren.

Er hatte kein Känguru erwischen können. Stattdessen hatte er die Nüsse des Palmfarns geerntet, die er nun drei bis fünf Tage wässern musste, um das Gift aus ihnen herauszuschwemmen. Anderenfalls würde er qualvoll sterben, wenn er mit ihnen eine Speise zubereitete.

Yalla lag zu seinen Füßen und schlief. Im Traum zuckten ihre Pfoten und sie winselte leise. Ob sie immer noch von der Jagd träumte? Dabei hatten sie nicht einmal ein Känguru zu Gesicht bekommen und entsprechend karg war ihre Abendmahlzeit ausgefallen. Zum Glück hatte er noch einige wenige Vorräte: gedörrtes Obst, Nüsse und den Rest eines Fladens, den er aus dem Mehl von Grassamen gebacken hatte. Es war eine mühsame Prozedur, die Samen von ihren Hülsen zu befreien und mithilfe von Steinen zu verreiben, bevor er sie mit Wasser vermischt über dem Feuer backen konnte. Aber was blieb ihm anderes übrig?

Kurz überlegte er, ob er sich im Mondlicht auf den Weg machen sollte, um eventuell ein Possum zu erbeuten. Doch nach dem heutigen Tag fühlte er sich zu erschöpft. Vielleicht morgen, dachte er und schnitzte weiter mit Bedacht an der hölzernen Figur, an der er zurzeit arbeitete. Dabei summte er die Melodie eines Liedes vor sich hin. Denn wer das richtige Lied am richtigen Ort zur richtigen Zeit sang, der trat in die Tjukurpa, *die Traumzeit, ein.*

Und schon die Wesen der Tjukurpa *hatten die Welt ins Leben gesungen. Gesungen und gelacht. So wie die Regenbogenschlange die Bäuche der Frösche gekitzelt hatte. Und als die Frösche lachten, lief das Wasser aus ihren Bäuchen und über die ganze Erde, füllte die Spuren, die die Regenbogenschlange auf ihren Streifzügen hinterlassen hatte, und bildete so die Seen und die Flüsse. Lieder können heilen, Regen bringen, Liebe erwecken, Feinde töten – und eine erfolgreiche Jagd vorbereiten.*

Und so sang Keira.

Auf der Erde hinterließ sie gewundene Spuren
und den Abdruck ihres schlafenden Körpers.
Oodgeroo

NICK wandte ihm demonstrativ den Rücken zu, als Ray die schmale Leiter zum Schlafboden emporstieg. Er tat so, als schliefe er bereits. Dabei hatte Ray das flackernde Licht der Petroleumlampe noch gesehen, als er die Scheune betreten hatte. Jetzt allerdings hatte Nick die Lampe gelöscht. Aber mit einem Mal war Ray die abweisende Haltung seines Arbeitskameraden völlig gleichgültig. Er würde sich nicht länger davon die Laune verderben lassen müssen. Denn morgen früh, bevor die Sonne noch richtig aufgegangen war, würde er bereits unterwegs sein.

Im Licht des Mondes, der durch das kleine Dachfenster genau auf seinen Schlafplatz schien, überprüfte Ray noch einmal den Inhalt seiner Packtasche: Das Kartenmaterial, das Mr de Mestre ihm gegeben hatte, zusammen mit den Adressen und Namen der Gestüte und Privatpersonen, bei denen er während seiner Reise logieren sollte, die Anschrift eines gewissen Mr Baker in Melbourne, dem Ziel seiner Reise, das Dokument, mit dem er sich ausweisen konnte und das ihn dazu befugte, mit Archer zu reisen, und der lederne Beutel mit den Sovereigns, den Mr de Mestre ihm gegeben hatte. Alles war an seinem Platz. Während er sich auf der Heumatratze ausstreckte, behielt er eine Hand auf der Tasche, als fürchtete er, sie könnte ihm abhandenkommen, wenn er nicht sorgfältig genug auf sie achtete.

Als sich Nick kurze Zeit später mit hellwachen Augen zu ihm umdrehte, schlief Ray bereits und träumte von dem hübschen chinesischen Mädchen. In seinem Traum war es ganz einfach, mit ihr zu reden und zu lachen. Seine Hand ruhte auf ihrer Schulter. Doch dann schüttelte das Mädchen sie lachend ab und rannte davon.

Rays Hand war von der Packtasche heruntergerutscht.

Die Sonne bahnte sich ihren Weg an dem wolkenlosen Himmel. Es versprach ein schöner Tag zu werden. Elizabeth schnäuzte zum zwanzigsten Mal ihre Nase und tupfte sich heimlich einige Tränen aus den Augenwinkeln. Nick stand mit vor der Brust verschränkten Armen reglos neben ihr.

Ray zurrte den Sattelgurt noch einmal fest, nachdem er seine beiden Packtaschen befestigt hatte – eine mit den Papieren, die er am Abend zuvor noch einmal auf ihre Vollständigkeit überprüft hatte, und die andere gefüllt mit Lebensmitteln, die Elizabeth ihm mitgegeben hatte, und den Utensilien, die er für Archer benötigte. Anschließend regulierte er die Länge der Steigbügel, während Mr de Mestre unmittelbar neben ihm stand und ihm jetzt eine Hand auf die Schulter legte.

»Gib auf dich acht, Junge«, ermahnte er ihn väterlich, »du brauchst nicht den Helden zu spielen. Niemand wird dir einen Vorwurf machen, wenn du durch irgendetwas unterwegs gezwungen wirst aufzugeben.«

»Ja, Sir.« Ray nickte ernst und versuchte Nicks süffisantes Grinsen, das er aus dem Augenwinkel wahrnehmen konnte, zu ignorieren. Er wunderte sich allerdings, dass Nick einen Grund zum Lachen fand, obwohl er doch mitansehen musste, wie Ray seinen Willen bekam.

»Hast du alles?«

Ray deutete auf die Satteltaschen. »Ja, Sir, ich habe gestern Abend vor dem Schlafengehen noch einmal alles überprüft.«

Mr de Mestre lächelte zufrieden. »Gute Reise, Ray«, sagte er und umfasste mit festem Griff seine Oberarme.

»Danke, Sir.«

Jetzt trat Elizabeth auf Ray zu, sah ihm tief in die Augen, seufzte und drückte ihn fest an sich. »Du bist verrückt, das weißt du, aber ich wünsche dir viel Glück.«

Ray lächelte. Er musste zugeben, dass ihn die Fürsorge der Köchin, die ihn doch erst so kurze Zeit kannte, rührte.

»Und sieh ja zu, dass du gesund wiederkommst! Alles andere würde ich Mr de Mestre niemals verzeihen und dann müsste er sich eine neue Köchin suchen und ich mir einen neuen Job.«

»Ich passe auf mich auf, versprochen.«

Ray sah sich suchend um. Tom hatte versprochen, ihm ebenfalls Lebewohl zu sagen, doch offensichtlich hatte der junge Familienvater es nicht rechtzeitig geschafft.

Nick stand immer noch regungslos an seinem Platz. Er schien nicht die Absicht zu hegen, ihm ebenfalls eine gute Reise zu wünschen.

Ray seufzte und schwang sich auf Archers Rücken. Er schnalzte mit der Zunge und augenblicklich setzte sich der kräftige Hengst in Bewegung. Vor ihm schlängelte sich der staubige Feldweg, die Araluen Road, durch die Landschaft. Er spürte die Blicke der anderen in seinem Rücken.

Archer schnaubte, als unerwartet am Straßenrand die Gestalten von zwei Mädchen auftauchten. Sie sahen zu Ray hoch, der an ihnen vorbeiritt, und das größere der beiden lächelte zaghaft.

Ray spürte seine Wangen heiß werden, während er eine Hand hob und der Chinesin schüchtern zuwinkte. Er dachte an den Traum von ihr, den er vergangene Nacht gehabt hatte.

Das Mädchen winkte zurück, dann stieß die kleinere ihrer Schwester in die Seite und begann zu kichern.

Einen Augenblick lang dachte Ray darüber nach, ob er anhalten sollte, um endlich das zu tun, was er sich schon lange vorgenommen hatte: das größere der beiden Mädchen, das ihm so gut gefiel, anzusprechen. Aber dann überlegte er es sich anders. Vielleicht auch nur, weil er immer noch die Blicke der anderen in seinem Rücken spürte. Der bloße Gedanke an Nicks gehässiges Grinsen, wenn er beobachtete, wie Ray mit einem Mädchen anbändelte – noch dazu mit einer Chinesin –, hielt ihn davon ab. Nein. Das musste Zeit haben, bis er wieder nach Hause kam. *Falls* er jemals wieder nach Hause kam.

Ray zog überrascht die Augenbrauen hoch, als ihm auffiel, dass er davon sprach, nach Hause zurückzukehren. Es war das erste Mal, dass er dieses Wort – Zuhause – für das Gestüt verwendete. Dann verstärkte er den Druck seiner Waden an Archers Flanken und der Braune verfiel in leichten Trab. Auf Rays Lippen lag ein zufriedenes Lächeln, während er Jembaicumbene hinter sich zurückließ.

Für die erste Etappe hatte Ray sich viel vorgenommen. Mehr als 30 Meilen wollte er heute hinter sich bringen, denn er wusste, es würden noch weit anstrengendere Tage auf ihn zukommen. Die Gegend um Braidwood war flach und so würde er auf den ersten Meilen gut vorankommen.

Auch Archer schien ihre Reise zu genießen. Jedoch wusste er im Gegensatz zu seinem Reiter nicht, welche Strecke sie erwartete, und so war er voller Ungeduld. Ray spürte Archers Wunsch zu galoppieren, aber er war sich nicht sicher, ob er ihm nachgeben sollte. Auf keinen Fall wollte er das Pferd vorzeitig ermüden! Doch Archer gab keine Ruhe. Immer und immer wieder wollte er angaloppieren. Ray nahm die Zügel auf, ließ sie anschließend gleich wieder sinken und versuchte Archer durchzuparieren. Archer reagierte zwar augenblicklich, doch keine Viertelstunde später probierte er erneut mit solcher Entschlossenheit, in den Galopp zu kommen, dass es sich für Ray so anfühlte, als würde sein Pferd steigen. »Also schön«, sagte er schließlich. Er verstärkte den Schenkeldruck und gab Zügel nach.

Sofort preschte Archer vor. Ray lehnte sich im Sattel nach vorne, versuchte sich für Archer leichter zu machen und ließ die Zügel locker. Der Wind trieb ihm die Tränen in die Augen und zerzauste sein Haar. Ray hätte am liebsten laut geschrien vor Freude. Er fühlte sich unglaublich glücklich und zum ersten Mal seit Wochen dachte er an nichts anderes. Er ließ alles hinter sich: Nick, der ihm das Leben in den letzten Tagen manchmal zur Hölle gemacht hatte, das Gefühl der Einsamkeit, das ihm seit dem Tod seines Vaters und Emilys Weggang ein steter Begleiter gewesen war, die ständige Sorge um seine Zukunft. Er genoss das Gefühl, mit Archer eine Einheit zu bilden. Nichts würde sie aufhalten, niemand ihnen etwas anhaben können. All die Hirngespinste von Gefahren, die unterwegs auf sie lauerten, waren wie weggeblasen. Er genoss Archers Freude an der Geschwindigkeit ebenso wie seine eigene, während er auf den Horizont zuraste.

Das Donnern von Archers Hufen auf dem festen Boden war so laut, dass Ray nichts anderes hören konnte. Und so erschien ihm die Kutsche, die unvermittelt vor ihnen den Weg kreuzte, wie eine Geisterkutsche, die sich völlig lautlos näherte und mit einem Mal wie aus dem Nichts auftauchte.

Ray riss erschrocken an Archers Zügeln und der

Hengst stoppte aus vollem Lauf. Wiehernd stieg er auf die Hinterläufe und Ray wäre beinahe aus dem Sattel gerutscht.

Der Mann auf dem Kutschbock sah nicht weniger erschrocken aus und das kleine dunkelhäutige Mädchen auf dem Schoß seiner Mutter, die neben ihrem Gatten saß, fing an zu weinen.

Rays Herz raste. Es hätte nicht viel gefehlt und Archer wäre ungebremst mit der Kutsche zusammengeprallt. Er schämte sich für seinen Leichtsinn und seine Unvernunft. Was würde Mr de Mestre wohl sagen, wenn er erfuhr, dass Ray Archers Unversehrtheit bereits wenige Meilen von Jembaicumbene entfernt derart leichtfertig aufs Spiel gesetzt hatte? Darüber wollte er lieber gar nicht erst nachdenken.

»Verzeihen Sie, Sir«, sagte er hastig und lenkte Archer an dem verbliebenen schmalen Stück des Weges an der Kutsche vorbei.

Der Mann lächelte freundlich und nickte eifrig, Worte in einer Sprache ausstoßend, die Ray nicht verstand. Dann schnalzte er mit der Zunge und das Kutschpferd zog an.

Ray warf ihnen über die Schulter hinweg einen Blick hinterher. Ob die kleine chinesische Familie in Jembaicumbene ihr Glück finden würde?

Archer war nun ruhiger. Und als sie ihr Weg kurz darauf an ein Flussufer führte, waren beide froh über die Gelegenheit, eine Verschnaufpause einzulegen.

Während Archer, von der Last des Sattels befreit, zufrieden graste, holte Ray die Sandwichs aus der Tasche, die Elizabeth ihm vor seiner Abreise zugesteckt hatte. Er lächelte bereits ein wenig wehmütig, als er nun an die dicke, kleine Köchin dachte. Zwar hatte er auf Mr de Mestres Gestüt keinen Freund gefunden und doch hatte man ihn dort gut aufgenommen: Elizabeth, die sich wie eine Mutter um ihn sorgte, Mr de Mestre, der sich zwar streng, aber doch wohlwollend um ihn kümmerte, Tom, der ihn wie ein großer Bruder unter seine Fittiche genommen und ihm alles gezeigt hatte. Auf gewisse Weise waren diese Menschen zu seiner Familie geworden. Und Nick? Beim Gedanken an Nick schüttelte Ray unwillkürlich den Kopf. Warum nur schaffte er es nicht, sich Nick zum Freund zu machen? Was fürchtete der andere? Wieso hatte er solche Angst davor, Ray könnte ihm irgendetwas streitig machen? Auf der anderen Seite hatte er ihm ja bereits etwas weggenommen, und zwar das Wohlwollen Mr de Mestres. Aber war Nick nicht selbst schuld daran? Mit seiner unfreundlichen Art ging er allen auf die Nerven. Irgendetwas schien ihn von Grund auf unglücklich zu machen. Aber was? War es der zerplatzte Traum von einem Leben als Jockey? Und trotzdem waren sie alle wie eine kleine Familie. Mit ihren guten und ihren schlechten Seiten.

Ray steckte den Rest des Sandwichs zurück in die Satteltasche und zog das Kartenmaterial heraus, das Mr de Mestre ihm mitgegeben hatte. Er war gut vorangekommen und hatte bereits mehr als die Hälfte der Strecke, die es heute zu bewältigen galt, hinter sich. In etwa 12 Meilen müsste er an die Herberge kommen, die Mr de Mestre ihm als erstes Etappenziel herausgesucht hatte.

Ray faltete die Karte wieder zusammen und steckte sie zurück. Noch kannte er sich einigermaßen aus, denn mit seinem Vater zusammen hatte er oft auf den Feldern in der Umgebung von Braidwood und Jembaicumbene als Schnitter gearbeitet. Doch bald schon würde er durch Landschaften reiten, die er noch nie zuvor gesehen hatte. Er freute sich darauf, spürte aber zugleich auch ein leichtes Unbehagen.

Archer schien zu merken, dass Ray sich in Gedanken bereits mit ihrem Aufbruch beschäftigte, denn er kam zu ihm hinüber und stupste ihn mit seinem weichen Maul an, als wollte er ihn überreden, nicht länger hier herumzusitzen, sondern die Sache anzugehen, vor der er sich fürchtete.

Ray lachte und strich Archer über die Blesse an seiner Stirn. Der Hengst schloss die Augen und genoss die zärtliche Berührung.

»Komm, Dicker«, sagte Ray und erhob sich. »Wir sollten uns auf den Weg machen.« Er warf einen prüfenden Blick auf den Stand der Sonne. Er wollte die Herberge unbedingt vor Einbruch der Dämmerung erreichen. Aber das sollte kein Problem sein. Wenn sie weiterhin so schnell vorankamen wie bisher, dann würden sie in drei Stunden dort sein.

Ray sattelte Archer und befestigte sorgfältig die Taschen.

Der Weg war staubig und steinig und führte steil bergab. Ray wollte kein Risiko eingehen und führte Archer am Zügel neben sich her.

So kamen sie nur langsam voran und allmählich machte Ray sich Sorgen, ob sie ihr Ziel tatsächlich vor Einbruch der Dunkelheit erreichen würden.

Nachdem es Archer am Anfang nicht schnell genug hatte gehen können, wirkte er nun erschöpft. Ray warf einen prüfenden Blick zur Seite auf sein Pferd und runzelte die Stirn. Irgendetwas stimmte nicht mit Archers Vorderlauf. Er belastete ihn kaum, setzte den Huf nur kurz auf und fast schien es Ray, als verzöge das Pferd dabei das Gesicht.

Er ließ Archer anhalten, klemmte den Vorderfuß zwischen seine Beine und betrachtete den Huf. Ein großer Stein klemmte genau zwischen den beiden Enden des Hufeisens. Er rüttelte daran, zog, drückte. Doch der Stein saß so fest, dass er sich nicht entfernen ließ. Ray fluchte und holte den Hufkratzer aus der Satteltasche, den er vorsorglich eingesteckt hatte, und versuchte vorsichtig den Fremdkörper herauszuhebeln. Doch auch diese Anstrengung erwies sich als vergeblich. Schließlich suchte Ray den Boden nach einem Hilfsmittel ab, mit dem er den Stein herausklopfen konnte. Er wog mehrere schwere Brocken in der Hand ab, bis er sich endlich für einen entschied und mit rhythmischen Schlägen den festklemmenden Stein bearbeitete. Schweiß perlte von seiner Stirn. Doch endlich hatte er es geschafft und hielt den Übeltäter in der Hand, betrachtete ihn. Er hatte sich genau mit seiner spitzen Seite in die Strahlgrube von Archers Huf gebohrt und dem Pferd bei jedem Schritt Schmerzen bereitet. Zum Schluss untersuchte Ray Archers Huf, konnte aber keine Verletzung erkennen.

Nachdem Ray den Hufkratzer verstaut hatte und den Blick wieder auf die Umgebung richtete, stellte er fest, dass sich das Licht bereits veränderte und die Sonne bald untergehen würde. Er wusste nicht, wie lange er dafür gebraucht hatte, Archers Huf von dem Stein zu befreien, aber es hatte viel Zeit gekostet. Zu viel Zeit. Und immer noch waren sie mindestens eine Stunde Wegstrecke von der Herberge entfernt.

Archer schien nun müde. Nachdem er Ray bisher wie ein artiger, etwas zu groß geratener Hund gefolgt war, musste Ray ihn nun mehrmals bestimmt auffordern, den Weg fortzusetzen. Immer und immer wieder drehte sich Archer um, als wollte er fragen, wann es endlich zurück nach Hause in den heimatlichen Stall ginge, wo seine Abendmahlzeit auf ihn wartete. Und Ray konnte ihn gut verstehen. Er fühlte sich selbst so erschöpft, dass er zum ersten Mal, seit ihm der Gedanke gekommen war, mit Archer nach Melbourne zu ziehen, an seinem Plan zweifelte. War die Entscheidung wirklich die richtige gewesen? Oder hatten all die Unkenrufer am Ende recht und er hatte sich zu viel vorgenommen? Diese erste Etappe sollte die leichteste sein und Ray hätte nicht gedacht, dass sie ihn derartig anstrengen würde.

Endlich erkannte er in der Ferne die graue Steinmauer der Herberge und der Anblick gab ihm noch einmal

Auftrieb. Alles in allem, so dachte er, hatten sie den ersten Tag doch gut hinter sich gebracht und waren ihrem Ziel bedeutend näher gekommen. Nun würden sie sich für den nächsten Tag ausruhen können und dann sah alles schon wieder viel einfacher aus.

Vor dem Gebäude, das – wie Ray sich eingestand – mit seinen kleinen dunklen Fenstern wenig einladend aussah, ließ er Archer anhalten und kramte in der Satteltasche nach dem Geldbeutel, damit er die Unterkunft anmieten konnte. Er tastete blind mit den Händen in dem Beutel herum, schob zur Seite, was er identifiziert hatte: Waschbeutel, die Reste des Proviants, Wasserflasche, Wechselwäsche, die zusammengerollten Landkarten … Seine Bewegungen wurden immer fahriger. Jetzt konnte er schon den Boden der Tasche spüren, doch das Lederetui mit den Münzen hatte er immer noch nicht gefunden. Dabei hätte er schwören können, dass er es in die linke Satteltasche gepackt hatte!

Und wenn es nun doch die rechte gewesen war? Ray umrundete Archer, der ihn argwöhnisch dabei beobachtete, und wiederholte die Prozedur des Suchens auf der anderen Seite: Hufauskratzer, Striegel, die Salbe, mit der er jeden Abend Archers Hufe einreiben sollte … aber kein Lederbeutel!

Ray trat einen Schritt zurück und kratzte sich am Kopf. Er versuchte sich daran zu erinnern, wie er die Satteltaschen gepackt hatte. Aber stets stieg nur das Bild vor seinem inneren Auge auf, wie er den Beutel zwischen seine anderen Habseligkeiten steckte.

Sein Blick fiel auf die zusammengerollte Zeltplane und den Schlafsack, die er hinter dem Sattel befestigt hatte. Auch wenn er selbst nicht daran glaubte, so wollte er doch noch die letzte der Möglichkeiten überprüfen, und tastete mit den Fingern zwischen den Stoffbahnen.

Nichts.

Ganz allmählich setzte sich die Erkenntnis in seinem Kopf fest, dass er sich ohne einen einzigen Sovereign in der Tasche auf dem Weg 500 Meilen quer durch Australien befand. Und er spürte, wie ihn der Mut verließ, dass diese Reise ein glückliches Ende nehmen würde.

Nachdem Ray nun klar war, dass er diese Nacht nicht im Schutz der Mauern des Gasthauses verbringen würde, erschien ihm das abweisende Gebäude auf einmal gar nicht mehr so unfreundlich. Mit der Aussicht auf ein Nachtlager im Freien verstand er nicht mehr, was ihn zuvor an dem Haus gestört hatte. Wenn er ehrlich mit sich war, musste er zugeben, dass er nur deshalb einen Abbruch seiner Reise nicht in Erwägung zog, weil die Strecke von 30 Meilen, die er und Archer bereits hinter sich gebracht hatten, zu lang war, um jetzt noch umzukehren. Außerdem wollte er Nick den Triumph nicht gönnen, dass er aufgab.

Bei dem Gedanken an Nick regte sich ein unangenehmer Verdacht in Ray. Er erinnerte sich, wie er am Abend vor seinem Aufbruch den Schlafboden betreten hatte und sich sicher gewesen war, dass Nick nur vortäuschte, bereits zu schlafen. Schließlich hatte er beim Hineingehen noch einen sanften Lichtschein gesehen, der aber augenblicklich erlosch, als er die Scheune betrat. Und er erinnerte sich, wie er zum letzten Mal den Inhalt seiner Packtasche überprüft und den Beutel mit dem Geld in der Hand gehalten hatte. Konnte es tatsächlich sein, dass Nick ihn beraubt hatte, während er schlief?

Ray spürte Wut in sich aufsteigen, während er diese Möglichkeit im Geiste abwog. Konnte es tatsächlich wahr sein, dass Nicks Abneigung gegen ihn so groß war, dass er zu so einer Tat fähig war? Je länger er darüber nachdachte, desto sicherer wurde sich Ray, dass es gar nicht anders sein konnte. Wieso sollte er ausgerechnet den Lederbeutel während seiner Reise aus der Tasche verloren haben, während alles andere noch an Ort und Stelle war?

Archer dauerten Rays Überlegungen eindeutig zu lange. Er schnaubte und scharrte ungeduldig mit dem Huf.

Ray schaute sich um. Er musste einen Ort suchen, an dem sie übernachten konnten. Aber wo sollte er einen geeigneten Platz finden?

»Na, mein Junge? Suchst du was?« Die Stimme klang tief und drohend, trotz der freundlich formulierten Frage.

Ray wandte sich um und blickte einem Mann ins Gesicht, der sich ihm unbemerkt genähert hatte und ihm jetzt genau gegenüberstand. Der Fremde lächelte freundlich, aber Ray entging der abschätzende Blick, den er Archer zuwarf, nicht.

»Nein, Sir«, erwiderte Ray und setzte bereits einen Fuß in den Steigbügel. »Ich wollte gerade aufbrechen.«

»Aufbrechen? Suchst du keinen Platz zum Übernachten?«

Ray schüttelte den Kopf. Der Mann gefiel ihm nicht, ohne dass er sagen konnte, warum. Aber er hatte bemerkt, wie der Fremde Archer taxiert hatte.

»Und ich dachte, du suchst etwas, wo du und dein Pferd die Nacht verbringen können.«

»Tut mir leid, Sir, Sie irren sich. Ich habe nur noch ein kurzes Wegstück vor mir. Wir werden erwartet«, fügte er dann sicherheitshalber noch hinzu.

»Erwartet? Wo geht es denn hin? Hier ist doch weit und breit nichts außer dieser Herberge …«

Ray blieb die Antwort schuldig. Er wendete Archer und stieß ihm die Fersen in die Flanken.

»Hübsches Pferd, Junge!«, rief ihm der Fremde nach. »Pass gut drauf auf!«

Ray ließ Archer galoppieren, bis er die Herberge nicht mehr sehen konnte, wenn er sich umwandte. Erst dann ließ er den Hengst in eine langsamere Gangart fallen und schnappte nach Luft. Er hatte die ganze Zeit den Atem angehalten. Noch einmal blickte er über die Schulter zurück. Der Weg lag in der hereinbrechenden Dunkelheit leer hinter ihm. Niemand war ihm gefolgt.

Ray klopfte Archer zärtlich auf den Hals. Er hatte das Gefühl, soeben einer ernsthaften Gefahr gerade noch einmal entkommen zu sein. Aber hatte der Mann es wirklich auf Archer abgesehen gehabt? Vielleicht waren seine Fragen und sein Rat, auf das Pferd zu achten, tatsächlich wohlwollend gemeint gewesen. Doch lieber blieb er im Ungewissen über die wahren Absichten des Fremden als eine unangenehme Wahrheit herauszufinden.

Hinter der nächsten Wegbiegung gelangte er an einen kleinen Bachlauf, der im Sommer wahrscheinlich ausgetrocknet sein würde, jetzt im Frühjahr aber noch Wasser führte. Er ließ sich aus dem Sattel gleiten und nahm Archer am Halfter, während er sich einen Weg abseits der Straße durch die Büsche bahnte. Niemand, der auf der Straße entlangkam, sollte ihn sehen können.

Schließlich hatte er einen geeigneten Platz gefunden. Drei noch junge Bäume standen so zueinander, dass sie ein Dreieck bildeten. Ray befreite Archer vom Sattel und spannte seine Zeltplane zwischen den Bäumen auf, damit sie ihm ein wenig Schutz vor der Witterung bot. Er ließ Archer grasen und war froh, dass er einen Rest von Elizabeths Sandwichs aufbewahrt hatte. Die dicke Köchin hatte ihm mehr mitgeben wollen, doch mit dem Hinweis darauf, dass er ja unterwegs in Gasthäusern rasten würde, hatte er ihr Angebot abgelehnt. Jetzt ärgerte er sich darüber.

Kurz bevor es so dunkel wurde, dass er seine Hände nicht mehr sehen konnte, band er Archer mithilfe eines langen Seils am Baum fest und schlüpfte in seinen Schlafsack. Er glaubte zwar nicht, dass Archer weglaufen würde, wollte aber auch kein unnötiges Risiko eingehen.

Still lag Ray unter der Plane und lauschte den Geräuschen der hereinbrechenden Nacht. Ein Rascheln ließ ihn aufhorchen. Zwar hatte er vor Schlangen weniger Angst als vor Spinnen – und das auch nicht ganz zu unrecht, schließlich starben weitaus weniger Menschen an Schlangenbissen als am Gift einer Spinne. Trotzdem legte er keinen gesteigerten Wert darauf, jetzt einer zu begegnen. Er wusste, dass die Brown Snake, mit ihrem schlanken, bis zu zwei Meter langen Körper, relativ häufig vorkam. Braunschlangen bissen mehrmals zu und ihr Gift konnte tödlich wirken.

Ray blieb still liegen und lauschte. Das Rascheln wurde leiser. Was auch immer es gewesen war, vielleicht ja auch nur eine kleine Maus, es entfernte sich von ihm.

Schlafen konnte Ray dennoch nicht. Er wusste nicht, wie er es ganz ohne Geld bis nach Melbourne schaffen sollte. Noch fand Archer genügend Gras. Das war zwar nicht gerade optimal und Mr de Mestre hatte ihm eingeschärft, regelmäßig Kraftfutter für Archer zu besorgen, doch das Pferd würde wenigstens nicht verhungern! Aber was sollte er tun, wenn sie in die Berge kamen? Dort würde Archer wahrscheinlich nicht mehr genügend Gras finden und er selbst musste ja schließlich auch etwas essen!

Ray verfluchte Nick. Es war eine Sache, jemanden mit seiner Spinnenphobie aufzuziehen, indem man ihm tote Spinnen unter die Decke legte, und eine andere, jemanden zu berauben und dadurch in Gefahr zu bringen. Er konnte sich kaum vorstellen, dass Nick darüber nachgedacht hatte, was er mit seinem Diebstahl bewirkte. Sicher war es dem Stalljungen nicht darum gegangen, sich selbst zu bereichern. Er wollte Ray eins auswischen, ihn vielleicht dazu zwingen, seinen Plan aufzugeben. Aber Ray gönnte ihm die Genugtuung nicht, dass er mit seinem gemeinen Plan Erfolg hatte. Er würde schon einen Weg finden, sich selbst und Archer nach Melbourne zu bringen.

Zumindest hoffte er das.

Keira träumte. Er träumte von Geistern aus dem Dunkeln, die tief unten, im Schoß der Erde in einer ungeheuren Höhle verborgen, hausen. Die unheimlichen Wesen waren von unterschiedlicher Gestalt und hatten unterschiedliche Namen. Und doch war ihnen eines gleich: Sie alle brachten Tod und Verderben über die Menschen. Die Kokolura *etwa, die riesigen Hunden gleichen, aber Menschenkörper und Kängurubeine haben. Sie lauern einsamen Menschen auf, reißen sie mit ihren furchterregenden, messerscharfen Zähnen in Stücke und fressen anschließend ihre Seelen auf.*

Oder die Imararinja, *groß wie Fledermäuse, nagen sich ihren Weg bis zum Herzen des Opfers. Helfen kann hier nur der* Wirrinun, *der die* Imararinja *aus dem Leib des Kranken heraussaugt, sie in Stücke reißt und verzehrt.*

Und die Imbarka, *riesenhafte Tausendfüßer, lassen sich vom heulenden Südsturm herantreiben. Mit ihren zangenförmigen Zehen klammern sie sich an ihrem Opfer fest und stoßen ihm ihre scharfen, spitzen Zähne ins Fleisch. Der Körper des Menschen schwillt daraufhin unförmig an und ohne Hilfe stirbt der Gebissene innerhalb weniger Tage.*

Keira erwachte, als er soeben im Traum gegen einen Imbarka *kämpfte, der sich an seinem Bein festgeklammert hatte. Er hatte sich durch ineinander verschlungene Baumwurzeln in das Innere einer Höhle vorgekämpft und war dort von den Geistern angegriffen worden.*

Jetzt stand Yalla, sein Walaku, *über ihm und leckte ihm winselnd das Gesicht. Vermutlich hatte er im Traum Geräusche von sich gegeben, die die Hündin verschreckten.*

Keira streichelte Yalla und schob sie sanft von sich. »Es ist gut, Yalla, es ist nichts«, sagte er beruhigend.

Yalla rollte sich dicht neben ihm zusammen und leckte seine Hand.

Keira strich weiter über Yallas Fell. Es stimmte nicht, dass nichts war. Das hatte er nur gesagt, um die Dingohündin zu beruhigen. Er wusste genau, dass Träume niemals unbedeutend sind. Jeder Traum hat seine Bedeutung. Und nichts träumt man ohne Grund. Oft genug nur versteht man den Grund nicht auf Anhieb.

Keira erkannte die Gestalten aus seinem Traum wieder. Sie stammten aus den Geschichten, die seine Mutter ihm früher erzählt hatte. Er wusste, dass die Geister Sinnbilder für Krankheiten sind, die den Menschen heimsuchen. Möglicherweise brütete er eine Krankheit aus, die sein Körper bereits spürte, sein Geist aber noch nicht erkannte. Doch der Traum konnte auch eine ganz andere Bedeutung haben. Vielleicht hatte er mit seiner Mutter zu tun, die ihm die Geschichten erzählt hatte. Oder der Traum wollte ihn warnen. Möglicherweise war er kein Rückblick in die Vergangenheit, sondern ein Ausblick auf die Zukunft, die vor ihm lag. Denn auch das ver-

mögen Träume. Davon war Keira überzeugt. Und wenn es so war, dann würde er erst zu einem späteren Zeitpunkt verstehen, was der Traum zu bedeuten gehabt hatte.

Doch Keira hatte keine Eile.

Nachdem sie die ganze Erde bereist hatte,
kehrte sie dorthin zurück,
wo sie zum Vorschein gekommen war …
Oodgeroo

RAY erwachte durch das Knurren seines Magens. Er streckte sich und spürte dem Schmerz nach, der durch seinen Körper schoss. Er konnte jeden einzelnen Muskel fühlen und fragte sich, ob das mit der unbequemen Bettstatt oder mit dem gestrigen Gewaltmarsch zu tun hatte. Oder vielleicht mit beidem.

Egal, die Muskeln würden sich von selbst erholen, sobald er sich bewegte, doch an dem Knurren seines Magens musste er dringend etwas ändern.

Archer schnaubte und rieb die Nüstern an seinen Ärmeln, als Ray ihn begrüßte.

»Guten Morgen, mein Junge«, sagte Ray und strich über Archers Mähne. »Leider verläuft nicht alles ganz nach Plan«, fuhr er fort. »Wir müssen was zu essen auftreiben, bevor es weitergehen kann.«

Archer nickte, als hätte er Ray verstanden und wollte ihm zustimmen.

Ray wusch sich mit dem kalten Bachwasser und packte seine Sachen. Dann warf er einen letzten Blick auf die Karte, bevor er alles zusammen in der Satteltasche verstaute. Für den zweiten Tag seiner Reise hatte er sich eine Strecke von 25 Meilen vorgenommen. Doch wenn er dem vorgeschlagenen Weg folgte, dann würde er die einzige Ansiedlung von Häusern, die es in dieser Gegend gab, um einige Meilen verfehlen. Das wäre nicht weiter schlimm gewesen, wenn er – wie es der ursprüngliche Plan vorgesehen hatte – sich im Gasthaus mit Proviant für den Tag hätte versorgen können. Nun aber musste er sehen, wo er für sich und Archer Nahrung auftreiben konnte. Deswegen wollte er die Route ein wenig verändern und versuchen, bei einem der Bauern etwas Getreide für Archer und für sich selbst ein Stückchen altes Brot zu erbetteln. Wohl war ihm bei dem Gedanken, dass er von dem von Mr de Mestre vorgegebenen Weg abwich, jedoch nicht.

Archer schien Rays Nervosität zu spüren. Er folgte ihm, wie schon am Tag zuvor, wie ein wohlerzogener Hund und stupste ihn ab und zu mit seinem weichen Maul an, als wollte er sagen: »Komm schon, ist alles nicht so schlimm. Wir zwei schaffen das schon.«

Als sie die Wegkreuzung erreichten, an der er sich entscheiden musste, zögerte Ray. War es wirklich richtig, den Umweg von etwa fünf Meilen in Kauf zu nehmen, nur um an Lebensmittel zu kommen? Wenn er seinen Zeitplan bereits am zweiten Tag über den Haufen warf – würde er Melbourne dann überhaupt noch rechtzeitig erreichen?

Aber das Knurren seines Magens, das in diesem Augenblick wieder lauter wurde, überzeugte ihn, dass er gar keine Wahl hatte. Er warf einen sehnsüchtigen Blick auf den nach links führenden Weg, seufzte, und bog auf den Weg ab, der nach rechts führte und an dessen Horizont die erste Bergkette vor ihm auftauchte.

Als Erstes sah Ray drei Kinder, die auf ihn zustürmten, ihn umringten, Archer streichelten und ihn mit Fragen überhäuften, als sei er der erste fremde Mensch, den sie seit Wochen oder gar Monaten zu Gesicht bekamen. Und womöglich war es ja auch so.

Angelockt durch den Lärm trat eine Frau aus der Türe des reparaturbedürftig aussehenden Hauses und wischte sich die Hände an einer Schürze ab, die sie sich um den Leib gebunden hatte.

»Riley! Raymond! Ella! Was soll dieser Lärm?«

Ray zuckte zunächst zusammen, als er seinen Namen hörte, dann begann er zu lächeln. »Du heißt Raymond?«, fragte er den Jungen, der neben ihm stand und bekam ein Nicken zur Antwort.

»Hey, ich auch!«

Der Junge strahlte.

»Verzeihen Sie, Mam«, wandte sich Ray an die Frau, »ich bin auf der Durchreise, benötige aber dringend ein wenig Getreide für mein Pferd und ein Stück Brot für mich …« Er merkte am Gesichtsausdruck der Frau, dass er es falsch angefangen hatte und verfluchte sich im Stillen dafür.

»Wir haben nichts zu verschenken«, antwortete die Frau prompt wie erwartet.

»Ich möchte nichts geschenkt bekommen, Mam«, erwiderte Ray. »Und es tut mir leid, dass ich überhaupt eine solche Bitte stellen muss, aber ich habe mein Geld verloren und bin dadurch in einer sehr unangenehmen Situation.«

Der Gesichtsausdruck der Frau wurde ein wenig milder.

»Vielleicht haben Sie Arbeit für mich, die ich erledigen kann, um mir eine Mahlzeit zu verdienen?«

»Arbeit gibt es hier mehr als genug«, antwortete die Frau und musterte Ray, als wollte sie sich von seiner Anständigkeit überzeugen. »Na, dann kommen Sie mal rein«, sagte sie schließlich und öffnete Ray die Tür.

»Danke, Mam, danke«, sagte Ray und folgte ihr.

»Mein Name ist Elisabeth«, sagte die Frau, während sie Ray am Küchentisch einen großen Becher mit heißem Kaffee füllte.

Ray lächelte. Abgesehen von ihrem Namen und dem heißen Kaffee hatte die Frau nicht das Geringste mit der dicken Köchin bei Mr de Mestre gemeinsam. Im Gegenteil – sie war sehr schlank und Ray fand sie ausgesprochen attraktiv, obwohl sie sicherlich mindestens 10 oder gar 15 Jahre älter war als er.

Über der Lehne eines Stuhles hing die Jacke eines Mannes und als Elisabeth merkte, dass Rays Blick daran hängen blieb, erklärte sie: »Mein Mann ist zur Arbeit gegangen. Er kommt erst am Abend wieder. Jeden Tag ist er vom Morgengrauen bis zum Einbruch der Nacht unterwegs. Deswegen bleibt hier auch so vieles liegen.«

Ray nickte verständnisvoll.

»Die Fensterläden hängen schief in den Angeln und die Dachrinne ist verstopft.«

»Das kann ich gerne reparieren, Mam.«

Elisabeth nickte. »Ich habe Kraftfutter für unsere zwei Pferde in der Scheune, davon kann ich etwas für Sie abfüllen.«

»Das wäre sehr nett von Ihnen, Mam.«

»Ich koche gerade Gulasch für heute Mittag … wenn Sie mitessen möchten?«

Ray nickte. »Gerne.« Er stand auf. »Wo finde ich Werkzeug?«

»Ich zeige es Ihnen.« Wieder wischte sich Elisabeth die Hände an der Schürze ab und führte Ray in einen angrenzenden Raum, der mit allerlei Gerümpel gefüllt war. »Hier.« Sie deutete auf ein Regal. »Nehmen Sie sich, was Sie brauchen.«

Etwa drei Stunden später klopfte Ray den letzten Nagel fest und wischte sich anschließend den Schweiß von der Stirn, als Elisabeth ihn und die Kinder zum Essen rief.

In Ray wuchs die Anspannung, während er das Känguru-Gulasch aß, das Elisabeth zubereitet hatte. Es schmeckte hervorragend und doch konnte Ray es nicht gebührend genießen, da es ihn jetzt, nachdem die Sonne bereits hoch am Himmel stand, zum Aufbruch drängte.

»Es gibt Bananenkuchen zum Nachtisch«, sagte Elisabeth, während sie die Teller abräumte und Rays Kaffeebecher noch einmal füllte.

»Das ist sehr freundlich, Mam«, sagte Ray, »aber ich muss leider los. Sonst schaffe ich es nicht mehr bis zum Einbruch der Dunkelheit.«

»Dann packe ich Ihnen etwas davon ein«, antwortete Elisabeth und Ray widersprach nicht.

Keine halbe Stunde später schnürte er zwei große Pakete, gefüllt mit Getreide für Archer und jeder Menge Sandwichs und Bananenkuchen für ihn, am Sattel fest. Elisabeth hatte ihm so viel mitgegeben, dass es für mindestens zwei Tage reichte. Wenn er den Vorrat ein wenig rationierte, auch für drei.

Raymond, Riley und Ella hüpften um ihn herum, als würden sie einen guten Freund verabschieden, und Ray freute sich, als sie ihm noch eine Weile hinterherliefen und eifrig winkten, während er den staubigen Weg, den er gekommen war, zurückritt.

Als er die Kreuzung erreichte, die ihn wieder auf den richtigen Weg führen sollte, hatte die Sonne ihren Zenit bereits deutlich überschritten. In vier Stunden würde sie untergehen und er hatte noch eine Strecke von zwanzig Meilen vor sich, bis er sein Etappenziel erreichte. Mr de Mestre hatte ihm die Adresse eines Bekannten notiert, der ihm Unterschlupf gewähren sollte. Wenn er gut durchkam, dann konnte er es schaffen.

Ray hatte diese Rechnung bereits angestellt, als er noch bei Elisabeth am Küchentisch gesessen und sich dafür entschieden hatte, den Weg zurückzugehen, auf dem er gekommen war, damit er auf der von Mr de Mestre erarbeiteten Route bleiben konnte. Jetzt freute er sich, dass er offensichtlich die richtige Entscheidung getroffen hatte. Mit den Taschen voller Proviant konnte eigentlich nichts mehr schiefgehen. Und möglicherweise konnte er sich von Mr de Mestres Bekanntem etwas Geld leihen, damit er nicht völlig mittellos unterwegs war.

Die Sonne brannte vom wolkenlosen Himmel, Archer hatte wieder Lust am Laufen und Ray genoss die sich allmählich verändernde Umgebung. Die Landschaft wurde rauer und der Stalljunge wunderte sich, dass die Berge bereits näher kamen. Laut der Wegbeschreibung sollte er die Snowy Mountains erst am dritten Tag seiner Reise streifen. Aber waren das überhaupt die Snowy Mountains? Ray hatte sich das Gebirge weitaus imposanter vorgestellt. Immerhin hatten die höchsten Berge, der Mount Kosciuszko und der Mount Townsend, etwa 7.300 Fuß!

Also waren das vielleicht gar nicht die Snowy Mountains? Aber welche Berge sollten es dann sein?

Ray genoss den rasch auffrischenden Wind, der für ein wenig Abkühlung sorgte. Mit 89 Grad Fahrenheit war es für einen Frühlingstag im Oktober bereits erstaunlich heiß. Und nachdem sie mittlerweile schon wieder etliche Meilen zurückgelegt hatten, machte sich zusehends Erschöpfung breit, gegen die der Wind ein gutes Mittel zu sein schien.

Archer jedoch schien der plötzliche Wind nervös zu machen. Er schlug mit dem Kopf und versuchte mehrmals auszubrechen. Ray zog die Zügel an, um den

Hengst zu beruhigen. Nach seiner Berechnung mussten sie den Hof von Mr Bell in spätestens zwei Stunden erreichen. Aber ein Blick in den Himmel, wo sich mit einem Mal etliche tiefschwarze Wolken auftürmten, machte seine Hoffnung darauf schlagartig zunichte.

Als hätte der Himmel seine Gedanken gelesen, öffneten sich plötzlich alle Schleusen und innerhalb weniger Minuten war Ray bis auf die Knochen nass. Hatte er sich vorher sehnlich eine Abkühlung gewünscht, so zitterte er nun vor Kälte. An ein Weiterreiten war bei diesem Wetter nicht zu denken. Und als es nun auch noch so laut donnerte, dass Archer erschrocken einen Ausfallschritt zur Seite machte und Ray beinahe aus dem Sattel rutschte, war klar, dass er so schnell wie möglich einen Unterschlupf finden musste.

Er ließ sich aus dem Sattel gleiten und landete mit beiden Füßen mitten in einer Pfütze, die sich in Sekundenbruchteilen auf dem matschigen Pfad gesammelt hatte. Jeder seiner Schritte wurde von einem schmatzenden Geräusch begleitet und mehr als einmal wäre er beinahe mit dem Schuh im Schlamm stecken geblieben.

Eben noch hatte die Sonne am blauen Himmel gestanden und nun war es mit einem Mal so finster, als wäre die Nacht ohne jegliche Vorankündigung über sie hereingebrochen.

Archer zog und zerrte bei jedem Donnergrollen am Halfter und Rays Herz raste vor Angst und Anstrengung, das Pferd am Durchgehen zu hindern. Doch wohin er auch blickte – nirgends konnte er einen Unterschlupf entdecken, der ihnen auch nur ein wenig Schutz vor dieser Naturgewalt bot.

Endlich bemerkte er etwa 4.000 Fuß voraus eine Ansammlung von Bäumen, einen kleinen Wald. Blitz und Donner folgten mittlerweile in kürzeren Abständen. Das Gewitter kam näher! Beim nächsten Blitz zählte Ray die Sekunden. Er war gerade bei 12 angelangt, da donnerte es so ohrenbetäubend laut, dass Archer erschreckt wieherte. Ray wusste jetzt, dass das Gewitter noch etwa 2,5 Meilen von ihm entfernt war. Doch es näherte sich immer noch! Beim nächsten Blitz schaffte er es gerade noch bis 9, dann donnerte es erneut. Noch knapp 2 Meilen! Es blitzte und Ray zählte: 1, 2, 3, 4, 5, 6 ... Donner. Noch gut eine Meile.

Ray fluchte. Das Gewitter hielt genau auf sie zu. Und zwar rasend schnell.

Hastig schwang er sich auf Archers Rücken und stieß dem Hengst die Fersen in die Flanken. Sie mussten den Schutz der Bäume erreichen, bevor das Gewitter genau über ihnen war. Hier auf der ebenen Fläche waren sie in größter Gefahr, vom Blitz getroffen zu werden. Zwischen den Bäumen waren sie zwar auch nicht in Sicherheit, aber die Gefahr war doch zumindest erheblich kleiner.

Archer schlug widerwillig mit dem Kopf. Der Boden war aufgeweicht und matschig und das Pferd fand mit seinen Hufen kaum Halt. Es rutschte mehr, als dass es lief!

Der Blitz bahnte sich seinen Weg vom Himmel zur Erde und Ray konnte seinen Weg genau verfolgen.

1, 2, 3, 4 …

Es krachte und Archer bäumte sich auf. Ray spannte alle Muskeln an und schaffte es, sich auf dem Pferderücken zu halten.

Eine halbe Meile!

Äste peitschten Ray ins Gesicht, als Archer zwischen den ersten Baumreihen hindurchpreschte. Er schien jetzt gar nicht mehr anhalten zu wollen, doch Ray riss hart am Zügel und Archer kam widerwillig zum Stehen. Ray beeilte sich, aus dem Sattel zu kommen, und führte Archer so tief in den kleinen Hain hinein, bis er meinte, dessen Mitte gefunden zu haben. Es blitzte und donnerte nahezu gleichzeitig. Das Gewitter hatte sie erreicht. Es war höchstens 300 Fuß entfernt.

Auf einmal war es dicht vor ihm taghell. Ray duckte sich und schloss intuitiv die Augen. Er spürte den Ruck am Halfter, als Archer sich losriss.

»Archer!« Rays Stimme überschlug sich beinahe. »Archer, bleib stehen!«

Doch der Hengst war von wilder Panik erfüllt und rannte um sein Leben.

»Archer!«

Ray lief Archer hinterher, versuchte ihn durch die dicht stehenden Bäume zu verfolgen. Doch schon nach wenigen Schritten war das Pferd in der Dunkelheit vor ihm verschwunden.

»Archer!« Ray stolperte über eine Baumwurzel und landete mit dem Gesicht mitten auf dem nassen Waldboden, als es erneut blitzte. Diesmal jedoch dauerte es schon wieder etwas länger, bis der dazugehörende Donner ertönte.

Das Gewitter war über sie hinweggezogen. Und doch hatte Ray verloren. Erschöpft und vom Schrecken erfasst blieb er auf dem Waldboden liegen und vergrub das Gesicht in seinen Armen.

Was um alles in der Welt sollte er jetzt tun?

Was sollte er tun?

Was?

Archer rannte und rannte. Weg von dem gleißenden Licht und diesem ohrenbetäubenden Lärm. Äste schlugen gegen seine Flanken und seine Kruppe und sorgten dafür, dass er nur noch schneller lief. Er rannte, bis er die Bäume hinter sich gelassen hatte und auf dem freien Feld stand. Zitternd blieb er stehen. Aus seinen Nüstern und seinem Maul tropfte Schaum. Er atmete schwer.

Der Hengst wandte den Kopf und blickte zurück auf die unheilvollen Bäume. Hier, inmitten der Steppe, wo er alles im Blick haben konnte, fühlte er sich wohler. Regen prasselte auf seine Haut und lief in seine Ohren. Archer schüttelte den Kopf wie ein nasser Hund. Dann lief er weiter, nur wenige Schritte, bis er erneut stehen blieb. Er wusste nicht wohin, wusste nur, dass etwas fehlte. Jemand fehlte. Dass der Junge nicht da war, der ihn begleitete. Aber zurück – das wollte Archer auch nicht. Denn dort, wo er herkam, hatte es ihm nicht gefallen. Also blieb er einfach stehen, wo er war. Den Blick unverwandt auf die Ansammlung von Bäumen gerichtet. Dort war der Junge. Aber dort war auch das Böse. Archer wusste nicht, was er tun sollte. Er wartete.

Ray hätte nicht zu sagen vermocht, wie lange er auf dem nassen und kalten Waldboden gelegen hatte. Wenn es nach ihm gegangen wäre, hätte er nie wieder aufstehen wollen.

Das Gewitter hatte sich verzogen. Ab und zu fielen noch dicke, schwere Tropfen aus den Blättern der Bäume auf Rays Kopf oder platschten neben ihm auf den Boden.

Ray schob sich auf die Knie. Seine Hose war nass und schlammverschmiert. Seine Haare hingen ihm wirr in die Stirn. Über seine Wangen liefen Tränen. Wo war Archer?

Es gehörte nicht viel Fantasie dazu sich auszumalen, was dem in Panik fliehenden Pferd alles zustoßen konnte. Ray sah ihn vor seinem geistigen Auge bereits mit gebrochenen Läufen am Wegesrand liegen und hilflos verenden. Vielleicht war er auch in letzter Sekunde doch noch vom Blitz getroffen worden. Oder Dieben in die Hände gefallen … Die Möglichkeiten schienen schier grenzenlos.

Mittlerweile hatte die Nacht Einzug gehalten. Ray dachte sehnsüchtig an die Zeltplane und den Proviant in Archers Satteltaschen. Sie waren zusammen mit dem Pferd verschwunden und Ray saß mit nichts anderem als dem, was er am Leib trug, mutterseelenallein in einer ihm völlig unbekannten Gegend.

Durch die Wipfel der Bäume konnte Ray jetzt den Mond sehen. Es war eine recht helle Nacht, der Mond annähernd rund, und Ray überlegte, was sinnvoller war: Sollte er nach Archer suchen? Oder war es besser hierzubleiben, in der Hoffnung, dass Archer zurückkehrte?

Ray stand auf und tastete sich durch die Baumstämme voran. In welche Richtung war Archer gelaufen? Er wusste es nicht und konnte in der Dunkelheit auch keinerlei Spuren erkennen, die ihm den Weg gewiesen hätten. Hufabdrucke, abgeknickte Zweige ... Es war zu dunkel, um irgendetwas zu sehen. Vielleicht mochte es eine helle Nacht sein – außerhalb des kleinen Waldes –, aber hier, wo die Bäume jegliches Licht schluckten, war alles finster. Wenn er eine Chance haben wollte, Spuren von Archer zu entdecken, dann musste er warten, bis der Tag anbrach.

Seufzend lehnte sich Ray gegen den nächsten Baum und ließ sich am Stamm entlang nach unten gleiten. Er schlug die Arme um die Beine und lehnte die Stirn gegen seine Knie. Es dauerte nur wenige Minuten, bis er vor Erschöpfung einschlief.

Er wurde von einem leisen Schnauben geweckt. Als er mühsam die Augen öffnete, sah er als Erstes das Tanzen der Sonnenstrahlen auf dem Waldboden. Die Vögel zwitscherten und nichts erinnerte mehr an die Weltuntergangsstimmung der vergangenen Nacht.

Archer stand dicht vor ihm und stupste ihn mit seinem weichen Maul an, als er merkte, dass Ray die Augen geöffnet hatte. Mit einem Schlag war Ray hellwach und sprang auf die Füße.

»Archer!« Er schlang die Arme um den Hals des Braunen und vergrub sein Gesicht in der Pferdemähne. »Archer!« Die Anspannung der letzten Stunden verschaffte sich in einem heißen Strom von Tränen Erleichterung und Ray schämte sich nicht dafür. Zu groß war seine Sorge um das ihm anvertraute Pferd gewesen.

Schließlich wurde Archer die Umarmung lästig und er entwand sich Ray, der ihn jetzt umrundete und den Körper des Tieres nach Verletzungen absuchte. Er befühlte die Beine und hielt erschreckt die Luft an, als er spürte, wie heiß Archers linkes Fesselgelenk war.

Es war derselbe Huf, in den sich Archer am gestrigen Tag den Stein eingetreten hatte. Konnte es sein, dass er eine geringfügige Verletzung übersehen hatte, die sich nun entzündete?

Ray zog seine Wechselsocken aus der Satteltasche – zum Glück hatte Archer auf seiner Flucht nichts verloren –, tränkte einen mit Wasser aus seinem Trinkbeutel und reinigte sorgfältig den Huf damit. Aber selbst jetzt konnte er keinen Kratzer oder Schnitt erkennen. Schließlich riss er kurz entschlossen ein Loch in den Strumpf, benässte ihn großzügig und zog ihn zur Kühlung um Archers Fessel. Mehr konnte er im Augenblick nicht tun.

Zum Schluss holte er für sich und Archer jeweils eine Ration des Proviants hervor, den Elisabeth ihnen mitgegeben hatte. Er lächelte freudig, während er das dünne Papier abwickelte, in das Elisabeth ihm die köstlichsten Überraschungen eingepackt hatte: Er fand die Reste einer Fleischpastete aus Hühnchen und Pilzen, ein großes

Stück Brot, geräuchertes Lammfleisch und Beef Jerky, Bananenkuchen, einen mittelgroßen Berg Sandwichs, Trockenfrüchte und Macadamianüsse. Für Archer hatte Elisabeth ihm eine Getreidemischung als Kraftfutter eingepackt.

Ray fütterte erst Archer aus der Hand, bevor er sich selbst für die Fleischpastete und ein Sandwich entschied. Er verpackte die Reste wieder sorgfältig in den Satteltaschen und führte Archer aus dem Hain hinaus.

Als sie die erste Baumreihe passierten, blieb Ray so ruckartig stehen, dass Archer beinahe in ihn hineingelaufen wäre. Er erinnerte sich an das gleißende Licht und den Blitz, der Archer am Abend zuvor derart erschreckt hatte, dass er sich losriss. In der Aufregung, die darauf folgte, hatte Ray ganz vergessen, was eigentlich der Auslöser für Archers panische Flucht gewesen war. Doch jetzt wurde er mit aller Gewalt daran erinnert: Der Baum vor ihm war regelrecht vom Blitz gespalten worden. Die dunkle Rinde von geisterhafter Kraft abgerissen und mehrere Fuß weit vom Baum weggeschleudert. Der Verlauf des Blitzes, der sich von der Krone des Baumes bis zu seiner Wurzel einen Weg gebahnt hatte, war genau zu erkennen. Der Tod war nur etwa 200 Fuß von ihnen entfernt gewesen. Ray schauderte bei diesem Gedanken.

Doch nun erwärmte die Sonne den noch feuchten Boden und ließ geheimnisvolle Nebelfelder aufsteigen. Archer lahmte nur leicht und Ray zauderte mit seiner Entscheidung, ob er aufsitzen sollte. Sie hatten einen Rückstand von etwa zehn Meilen aufzuholen und er konnte es sich eigentlich nicht leisten, weiterhin Zeit zu verschwenden. Andererseits wollte er das Pferd auch nicht überstrapazieren. Was würde es ihm nutzen, ein lahmendes Pferd nach Melbourne zu bringen, das keinesfalls bei einem Rennen starten konnte?

Ray seufzte und zog die Zügel über Archers Hals nach vorne. Zumindest vorerst wollte er ihn führen. Vielleicht ließ das Lahmen ja nach, dann konnte er immer noch aufsitzen.

Es war ein gutes Gefühl, den kleinen Wald hinter sich zu lassen. Er hatte ihnen Schutz geboten, und doch wollte er die vergangene Nacht mit all ihren Ängsten und Sorgen am liebsten so schnell wie möglich vergessen.

Ein weniger gutes Gefühl war es festzustellen, dass er keine Ahnung hatte, wo er sich befand. Das, was er sah, passte nicht im Mindesten zu dem, was er laut Karte sehen sollte. Am Horizont türmte sich eine Bergkette auf, die da nicht hingehörte, und nachdem er gestern während des Gewitters die Straße verlassen hatte, um nach einem geeigneten Unterschlupf zu suchen, hatte sie sich offenbar in Luft aufgelöst. Er lief mit Archer über Sand, Gras und Geröll inmitten einer von niedrigem Pflanzenwuchs gezeichneten Landschaft. Es war noch früh am Morgen und die Sonne bahnte sich soeben ihren Weg am Himmel. Er musste also darauf achten, die Sonne im Rücken zu haben, dann würde er zumindest in die richtige Richtung gehen.

Je höher die Sonne stand, desto heißer wurde es. Nach der Abkühlung, die das Gewitter gebracht hatte, heizte sich die Luft jetzt umso schneller wieder auf und flirrte vor Rays Augen.

Er versuchte seine Richtung zu korrigieren, in dem Wissen, dass die Sonne nun im Norden stand und er sich nach Südwesten begeben musste. Auf diese Weise würde er früher oder später wieder auf die alte Route zurückkehren. Zumindest hoffte er das.

Zwischendurch befeuchtete er immer wieder den Wickel um Archers Fessel. Er meinte zu sehen, dass Archers Lahmen nachließ, aber vielleicht war das auch nur sein sehnlichster Wunsch, sodass er es sich einbildete.

Wäre da nicht dieses Gefühl, dass er sich gerade ganz gewaltig verlief – Ray wäre mit seinem momentanen Leben recht zufrieden gewesen. Es war schon erstaunlich. In den letzten Wochen seit Vaters Tod und Emilys Umzug nach Melbourne hatte er sich die ganze Zeit über sehr einsam gefühlt, obwohl doch immer Leute um ihn herum gewesen waren: Der Reverend, der sich hingebungsvoll um ihn kümmerte, Tante Amy, die aus Melbourne angereist war, die Nachbarinnen, die ihn mit dem Nötigsten versorgten, und schließlich Mr de Mestre, Tom, Elizabeth und Nick … Und doch hatte er sich unter all diesen Menschen einsamer gefühlt als jetzt, wo er tatsächlich allein war und mit keiner Menschenseele reden konnte.

Aber er fühlte sich nicht einsam. Allein, ja, aber einsam? Nein. Vielleicht spürte man umso deutlicher, wie allein man war, wenn man mitten unter Menschen niemanden hatte, mit dem man reden konnte?

Wen er wirklich vermisste, war seine kleine Schwester Emily. Sein Herz wurde schwer vor Sehnsucht, wenn er an sie dachte. Ob es ihr gut ging? Ob Tante Amy nett zu ihr war und Verständnis für sie hatte? Er hoffte, dass sie ihn nicht ebenso sehr vermisste wie er sie. Und dass sie in der großen Stadt Melbourne vielleicht schon eine Freundin gefunden hatte.

Er hätte selbst gut einen Freund gebrauchen können. Jemand, mit dem er gerne redete und in dessen Gesellschaft er sich wohlfühlte. Jemand, mit dem er gemeinsam schweigen konnte, ohne sich dabei einsam zu fühlen. Der sich anhörte, was er zu sagen hatte. Jemand, der sich ihm anvertraute und dem er gerne zuhörte. Jemand, mit dem er lachen konnte. War es nicht all das, was einen Freund ausmachte?

Ray wandte sich zu Archer um und klopfte ihm liebevoll auf den Hals. Archer war der beste Freund, den er im Augenblick hatte. Gut, das mit dem Reden war schwierig. Aber Archer würde ihm zuhören und vermutlich sogar mit dem Kopf nicken, wenn er ihm etwas erzählte. Und er fühlte sich in seiner Gesellschaft wohl, konnte mit ihm schweigen, ohne sich dabei einsam zu fühlen. Er wusste, dass Archer ihm blind vertraute, ebenso wie er dem Pferd vertraute. Waren das nicht schon wesentliche Merkmale einer Freundschaft?

Im Schatten eines Hügels ließ Ray Archer anhalten. Brüderlich teilten sie den letzten Rest Wasser, den sie bei sich hatten. Nun musste Ray nicht nur den richtigen Weg wiederfinden, sondern auch so schnell wie möglich die Wasservorräte auffüllen.

Er nahm sich ein Sandwich mit gebratenem Huhn und ließ Archer grasen. Es war hartes, trockenes Gras, etwas anderes konnte er seinem Freund im Augenblick nicht bieten. Ray wusste aber, dass die Landschaft sich schnell änderte. Archer würde genügend Nahrung finden. Das war eins der wenigen Dinge, um die er sich keine Sorgen zu machen brauchte.

Ray schob sich den letzten Bissen in den Mund und streckte sich mit hinter dem Kopf verschränkten Armen auf dem warmen Boden aus. Der Himmel war wolkenlos blau. Nichts erinnerte mehr an das überstandene Unwetter. Die Frühlingssonne hatte so viel Kraft, dass der Boden bereits wieder vollständig trocken war.

Nach einer Weile seufzte Ray und erhob sich schwerfällig. Die Nächte auf dem harten Boden und die Fußmärsche der vergangenen Tage forderten ihren Tribut. Er tastete Archers Vorderbein ab und stellte erfreut fest, dass es weder geschwollen noch warm war.

»Also gut, mein Junge, dann geht es weiter.«

Er verstaute den leeren Wasserbeutel, zog den Sattelgurt nach, schwang sich auf Archers Rücken und schnalzte mit der Zunge. Archer verfiel in einen leichten Trab.

Ray konnte sein Glück kaum fassen, als sie wenig später auf einen kleinen Bachlauf trafen, an dem er die Wasservorräte auffüllen konnte.

»Das ist ein Zeichen, Archer«, sagte er zu dem Hengst,

als er die Wasserbeutel wieder zurück in die Packtasche steckte. »Ab jetzt ist das Glück auf unserer Seite, du wirst sehen.«

Archer schnaubte und Ray wusste nicht, ob das Pferd damit seine Zustimmung oder seine Zweifel an Rays Aussage kundtun wollte.

Zunächst waren es nur kleine schwarze Punkte in der Ferne. Ray dachte sich nichts weiter dabei. Vielleicht waren es Kängurus, Dingos oder Aborigines. Was auch immer es war, es war weit weg und würde verschwunden sein, bevor sie die Stelle erreichten.

Langsam kamen die schwarzen Punkte näher und jetzt erkannte Ray, dass es drei Männer auf Pferden waren. Er wusste nicht warum, aber bei ihrem Anblick hatte er kein gutes Gefühl. Am liebsten wäre er ihnen aus dem Weg gegangen, aber das war jetzt nicht mehr möglich, denn auch die Männer hatten ihn entdeckt und hielten geradewegs auf ihn zu.

Ray ermahnte sich selbst, Ruhe zu bewahren. Es gab keinen Grund anzunehmen, dass die Fremden etwas Böses im Schilde führten. Natürlich bestand immer die Möglichkeit, hier, im Outback, meilenweit von der nächsten Ansiedlung entfernt, Schurken in die Hände zu fallen. Aber musste man deswegen gleich jedem Fremden mit Argwohn begegnen?

Die Männer nickten Ray freundlich zu und Ray erwiderte den Gruß. Sein Herz klopfte, doch versuchte er, seine Aufregung zu ignorieren.

»Ganz allein unterwegs, junger Mann?«

Ray nickte wieder.

Die Männer hatten jetzt angehalten. Einer stand links neben ihm, der andere rechts und der dritte stoppte sein Pferd genau vor ihm.

Ray fühlte sich unwohl. Sein Blick fiel auf den Revolver, den der Mann, der mit seinem Pferd genau vor ihm stand, am Gürtel trug.

»Allein unterwegs, ja, aber ich werde erwartet«, antwortete er und versuchte seiner Stimme Festigkeit zu verleihen.

Über die Gesichter der Männer huschte zeitgleich ein Lächeln, als hätten sie sich abgesprochen. Überhaupt sahen sie einander sehr ähnlich mit ihrer schwarzen Kleidung, den dunklen Augen unter den starken Augenbrauen und den Bärten um die zusammengepressten Münder.

»Schönes Pferd hast du da«, sagte der Mann, der links von Ray stand, und spuckte eine braune Kautabakpfütze vor ihm auf den Boden.

»Ja, Sir«, antwortete Ray, »aber es gehört nicht mir. Sein Besitzer erwartet uns.«

»Ist bestimmt was wert, oder?«

Ray wandte sich um und sah dem Mann ins Gesicht, der auf der anderen Seite neben ihm stand.

»Ich weiß nicht, Sir.«

Archer schien Rays Anspannung zu spüren. Er scharrte mit dem Huf und wieherte leise.

»Entschuldigen Sie, meine Herren, aber ich muss weiter«, sagte Ray, verstärkte den Druck seiner Waden an Archers Flanken und versuchte, das Pferd zwischen den Männern hindurchzuführen.

Doch wie unbeabsichtigt stellte sich der Mann mit dem Revolver Archer in den Weg. »Nicht so eilig.«

»Sir?«

»Was hältst du davon, wenn du mich das Pferd mal ausprobieren lässt? Vielleicht werden wir handelseinig?«

»Handelseinig, Sir? Das Pferd steht nicht zum Verkauf.«

»Wer redet denn von kaufen?«

Die Männer lachten hämisch.

Ray suchte verzweifelt nach einem Ausweg. Aber nicht zuletzt der Revolver, auf den immer wieder sein Blick fiel, machte es ihm unmöglich, einen klaren Gedanken zu fassen.

Jetzt beugte sich einer der Männer vor und versuchte Archers Halfter zu fassen, doch der Hengst schlug mit dem Kopf und der Mann griff ins Leere.

Ray vergeudete keine Zeit. Er stieß Archer die Fersen in die Flanken und der Hengst preschte durch die zwei Pferde, die ihm den Weg versperrten, stieß sie zur Seite und verfiel augenblicklich in einen gestreckten Galopp, als hätte er ebenso wie Ray die bösen Absichten der Männer erkannt.

»Lauf, Archer, um Himmels willen, lauf!«, schrie Ray auf dem Rücken des Hengstes und duckte sich, als er hinter sich einen Schuss hörte. Doch die Kugel ging ins

Leere oder der Schütze hatte nur in die Luft geschossen. Ray wusste es nicht und es spielte auch nicht die geringste Rolle.

Archer rollte an. Ray wusste, dass sein Pferd eine vergleichsweise lange Anlaufzeit brauchte. Ein schneller Starter war der Hengst nicht. Nicht umsonst hatte Nick dem Hengst den Spitznamen Dampflok gegeben. Er brauchte eine Weile, bis er seinen schweren Körper in Bewegung gebracht hatte, und Ray betete, dass das Überraschungsmoment ausreichte, um sich von seinen Verfolgern abzusetzen. Er konnte jetzt hinter sich das Getrappel der Hufe hören, als die Männer ihnen nachsetzten.

»Lauf, Archer, lauf!«, feuerte Ray den Hengst noch einmal an und ließ die Zügel locker. Was würde geschehen, wenn Archers verletzter Huf Schwierigkeiten machte? Was sollte er Mr de Mestre sagen, wenn sie es nicht schafften, den Pferdedieben zu entkommen? Denn dass die drei es auf Archer abgesehen hatten, daran bestand wohl kein Zweifel mehr. Und was würden sie mit ihm machen, wenn es ihnen gelänge, sie einzuholen? Würde er mit einer Kugel in der Brust mitten in der weiten Steppenlandschaft sterben?

Archer hatte jetzt seinen Rhythmus gefunden und seine Hufe stampften über den Untergrund, ließen eine rote Staubwolke hinter sich aufsteigen.

Ray traute sich kaum zurückzublicken, aus Angst, die Verfolger könnten ihnen dicht auf den Fersen sein. Ein zweiter Schuss gellte durch die Luft, doch Ray war sich jetzt sicher, dass der Schütze lediglich in den Himmel zielte. Immerhin wollten sie das Pferd und tot würde es ihnen nicht viel nutzen. Immer noch konnte er die Verfolger hinter sich hören, doch das Geräusch der Hufe auf dem Untergrund wurde allmählich leiser.

Jetzt wandte Ray sich doch um. Hatten die Männer vielleicht eingesehen, dass sie keine Chance hatten, Archer einzuholen? Doch hinter der Staubwolke, die Archer aufwirbelte, konnte er schemenhaft die drei Gestalten ausmachen. Sie schienen nicht die Absicht zu haben, ihn in Ruhe zu lassen.

Ray überlegte fieberhaft. Um Archers Ausdauer brauchte er sich nicht zu sorgen. Um sein Tempo auch nicht. Und doch schien es keinen Ausweg zu geben, wenn die Männer ihr Vorhaben nicht aufgaben. Sie brauchten nur immer weiter ihrer Spur zu folgen, die Archers Hufe in dem staubtrockenen Boden hinterließ, und es war lediglich eine Frage der Zeit, wann sie sie einholen würden. Schließlich konnte er Archer kaum bis Melbourne galoppieren lassen!

Noch einmal drehte Ray sich um. Die Männer waren jetzt so weit hinter ihnen zurückgeblieben, dass Ray lediglich erneut drei schwarze Punkte am Horizont ausmachen konnte. Doch er wusste, dass sie wieder näher kommen würden, sobald er Archer anhalten ließ.

Dennoch sagte er jetzt »Ho« und nahm die Zügel auf. Archer verfiel in einen leichten Trab und schließlich in Schritt. Seine Flanken waren glänzend vom Schweiß und weißer Schaum quoll aus seinem Maul hervor.

Ray sprang aus dem Sattel und schlug Archer mit der flachen Hand auf die Kruppe. »Los, Archer, hau ab!«

Archer schien zu zögern. Doch als Ray seine Aufforderung wiederholte und ihm ein zweites Mal auf die Kruppe schlug, setzte sich der Hengst widerwillig in Bewegung.

Ray sah ihm eine Sekunde lang hinterher, dann machte er sich an die Arbeit. Er brach einen trockenen Zweig von dem struppigen Gebüsch am Wegesrand ab und verwischte damit rückwärts gehend ihre Spuren im Sand. Auch ihm rann der Schweiß von der Stirn und er zitterte vor Angst. Angst um sein Leben. Was würde geschehen, wenn die Männer ihn zu fassen bekamen? Ray hatte nicht den Eindruck gewonnen, als würden sie davor zurückschrecken, einen Menschen zu töten. Außerdem hatte er Angst um Archer. Würde seine Rechnung aufgehen und das Pferd sich in Sicherheit bringen? Und würde er Archer anschließend wiederfinden? Ohne das Pferd brauchte er Mr de Mestre nicht mehr unter die Augen zu treten. Wenn Archer etwas zustieß, dann war er so gut wie tot. Also bestand in seinem jetzigen Plan seine einzige Chance.

Ray verwischte die Spuren, so gut und so schnell es ging, bis er eine Strecke von über 300 Fuß geschafft hatte. Dann warf er den Zweig von sich und versteckte sich hinter einem großen Stein inmitten eines dornigen Gebüschs. Die Dornen blieben in seiner Kleidung und in seiner Haut hängen, aber Ray biss die Zähne zusammen. Lieber ein paar Kratzer als tot.

Er hielt die Luft an und wartete.

Es dauerte eine ganze Weile, bis er die Männer hören konnte. Auch sie führten ihre Pferde jetzt wieder im Schritttempo voran.

Ray traute sich kaum zu atmen.

»Was is' das denn? Die Spur hört plötzlich auf!«

»Wahrscheinlich hat der Gaul Flügel bekommen und is' abgehoben.«

»Würd' mich kaum wundern, so schnell wie der war.«

»Redet keinen Unsinn und sucht lieber nach den Hufspuren!«

»Tun wir ja, aber hier is' nichts.«

»Das kann nicht sein.«

Ray hörte, wie einer der Männer sich aus dem Sattel gleiten ließ und mit den Füßen auf dem Boden landete. »Vielleicht haben sie sich hier irgendwo versteckt?«

Ray schloss die Augen. Seine Hände zitterten.

»Klar, der Gaul liegt eng zusammengerollt wie 'n Schoßhündchen oder wie 'ne Miezekatze hinter dem Stein da!«

Ray hörte Schritte auf sich zukommen. Er schloss die Augen.

»Das gibt's doch gar nicht.«

»Hab ich ja gleich gesagt! Der Gaul war so schnell, das Ganze geht nicht mit rechten Dingen zu!«

»Wie vom Erdboden verschluckt!«

»Vielleicht ist's besser so.«

»Wie meinst du das?«

»Na, entweder is' der Gaul so schnell, weil was mit ihm nicht stimmt ...«

»Siehst du jetzt schon Gespenster, oder was?«

»... oder, wenn er wirklich so schnell ist, erkennt ihn irgendeiner, wenn wir versuchen, ihn loszuwerden.«

»Wieso denn loswerden? Ich wollte ihn behalten!«

»Ach nee, wieso denn ausgerechnet du?«

»Ja, genau, warum nich' einer von uns?«

»Also verkaufen hätten wir ihn sowieso nich' können.«

»Genau. Und dann hätten wir uns nur gestritten, wer von uns ihn haben darf.«

»Ich kann das immer noch nich' glauben.«

»Is' aber so. Jetzt red nicht lang drum rum und steig endlich wieder auf.«

»Habt ihr jemals so'n schnelles Pferd gesehen?«

»Nee.«

Die Stimmen wurden leiser, als die Männer sich entfernten. Ray wartete, bis er sicher sein konnte, dass sie verschwunden waren, dann kroch er langsam aus dem Gebüsch hervor. Er konnte ihre schwarzen Silhouetten noch in der Ferne ausmachen, doch von Archer fehlte tatsächlich jede Spur.

Wohin war der Hengst verschwunden?

Keira band schweigend und konzentriert die Zweige neu zusammen, aus denen seine Hütte bestand, und flocht Blätter und Reisig, das er gesammelt hatte, zwischen die Hohlräume.

Yalla lag ein wenig abseits und beobachtete ihn.

Das Wetter der vergangenen Nacht hatte Keiras Schutzhütte beinahe völlig zerstört. Die Menschen in seinem Dorf hatten vom Unwetter gesprochen. Doch diesen Ausdruck wollte Keira nicht verwenden. Es gab kein Unwetter. Jedes Wetter wurde von magischen Kräften verursacht. Mythische Instanzen waren verantwortlich für Trockenheit und Regen, Blitz und Donner.

Seine Vorfahren kannten nicht nur vier Jahreszeiten, wie die Menschen in seinem Dorf, sie sprachen von Banggereng, Yekke, Wurggeng, Gurrung, Gunumeleng *und* Gudjeuk. *Es waren die Schöpferwesen, die Regen, Donner und Blitz hervorriefen. So wie die Regengötter* Wuluwait *und* Bunbulama. *Regen bedeutete Wasser und Wasser bedeutete Leben. Wenn* Wuluwait *und* Bunbulama *Regen brauchten, banden sie Wassergras zu Bündeln zusammen und stellten sie in einen Frischwassersumpf. So entstanden am Himmel Regenwolken.*

Blitz, Donner und Regen waren die Wondjinas, *die Kinder der Regenbogenschlange, die nach Belieben kommen und gehen konnten. Und daran war nichts Schlimmes. Manches musste man eben einfach über sich hinwegziehen lassen.*

Denn jedem Ende wohnte auch ein Anfang inne.

… und die Regenbogenschlange rief die Frösche …
Ihre Bäuche waren voller Wasser …
Sie kitzelte ihre Bäuche,
und als die Frösche lachten,
lief das Wasser über die ganze Erde
und füllte dabei die Spuren … der Regenbogenschlange –
und so bildeten sich Seen und Flüsse …
Oodgeroo

RAY ließ seine Blicke nach links und nach rechts schweifen. Nachdem Archer wegen des Blitzeinschlages von Panik erfasst durchgegangen war, war er anschließend zu Ray zurückgekehrt. Gewiss würde der Hengst auch jetzt nach ihm suchen.

Und wenn nicht? Diesen Gedanken wollte Ray lieber nicht bis zu seinem logischen Ende verfolgen. Ab und zu warf er einen Blick über die Schulter, um sich zu vergewissern, dass die Diebe nicht zurückgekehrt waren. Doch die Steppe hinter ihm war, ebenso wie die Steppe vor ihm, leer. Keine einzige Menschenseele in einem Umkreis von mehreren Meilen. Und auch keine einzige Pferdeseele, dachte Ray.

Zunächst fiel Ray nur die merkwürdige Färbung des Himmels auf. Dann der Geruch. Ein Geruch nach verbranntem Holz und Rauch. Schließlich konnte er es auch sehen: mehrere kleine Brandherde am Rand der Steppe, die er auf der Suche nach Archer durchstreifte. Hier und da stiegen in einigen Meilen Entfernung Rauchwolken in den rötlich gefärbten Himmel auf.

Kleinere Buschfeuer waren nichts Seltenes und wäre Ray nicht auf der Suche nach Archer gewesen, so hätte er sich von dem Feuer nicht weiter beunruhigen lassen. Nicht jeder Brand weitete sich zwangsläufig zu einer großen Katastrophe aus. Häufig waren es einzelne Büsche oder Unterholz, die Feuer fingen, und oftmals versiegte das Feuer von selbst, verzehrte sich, sobald es in der Steppe keine Nahrung mehr fand.

Aber nun war er auf der Suche nach Archer und konnte weder sich selbst noch sein Pferd in Sicherheit bringen. Vielleicht war Archer in diesem Augenblick in Gefahr? Befand er sich womöglich am Rand der Steppe und geriet durch das Feuer erneut in Panik? Würde er kopflos fliehen und Ray damit jeglicher Chance berauben, ihn wiederzufinden?

Ray hatte damit gerechnet, dass Archer höchstens eine halbe Meile weit laufen und sich dann irgendwo verstecken würde. Aber wenn Archer ebenso wie er von dem Feuer überrascht worden war, dann konnte er nicht ausschließen, dass der Hengst einfach weitergaloppiert war. Weiter und immer weiter, nur weg von dem Feuer und der damit verbundenen Gefahr.

Allmählich stiegen erste Zweifel in Ray auf, ob sein Plan, Archer fortzuschicken, tatsächlich so klug gewesen war. Nun stand er ohne Reittier, ohne Wasser und Nahrung, ohne Landkarten – einfach ohne alles – in dieser unwirtlichen Gegend und fühlte sich verloren.

Was war sein Antrieb für diese Reise gewesen? War es der Wunsch, Archer den *Melbourne Cup* gewinnen zu sehen? Oder war es die Absicht, über Nick zu triumphieren und ihm zu beweisen, dass er recht hatte? Suchte er den Schikanen des anderen vielleicht nur für eine Weile zu entkommen? Oder war es – Ray schämte sich ein wenig, dass er diese Möglichkeit in Betracht ziehen musste – seine Sehnsucht nach Emily? Nach dem letzten Rest seiner Familie, dem Gefühl der Geborgenheit, das ihm geblieben war? Er konnte nicht verleugnen, dass Emily bei seinen Plänen auch eine Rolle gespielt hatte. Der Gedanke, sie wiederzusehen, in Erfahrung zu bringen, ob es ihr bei Tante Amy gut ginge, war ihm sehr schnell gekommen, nachdem er von Mr de Mestre die Erlaubnis zu reisen erhalten hatte.

Ray, der ohne darüber nachzudenken einen Fuß vor den anderen setzte, den Blick stets auf die vereinzelten Brandherde in sicherer Entfernung gerichtet und die Gedanken überall, nur nicht im Hier und Jetzt, blieb mit einem Mal stehen. Plötzlich erschien ihm alles sinnlos. Sein ganzes Vorhaben idiotisch. Nichts hatte er erreicht, außer sich selbst und Archer in tödliche Gefahr zu bringen.

Ray warf den Kopf in den Nacken und schrie seinen Zorn und seine Verzweiflung in den Himmel hinauf. Egal, ob da oben jemand war, der ihn hören konnte, oder nicht. Er schrie einfach, brüllte, tobte. Er riss die Arme in die Luft, als wollte er jemandem drohen. Seine Wut war übermächtig. Er verfluchte sich und seinen Wunsch, diese Reise zu machen. Was war er doch für ein Dickkopf! Tante Amy hatte vollkommen recht, wenn sie ihm vorwarf, genauso egoistisch zu sein wie seine Mutter. Er hatte seinen Willen auf Kosten anderer durchgesetzt, ohne auch nur einen Augenblick lang darüber nachzudenken, welchen Gefahren er Archer damit aussetzte, der sich diesen Weg nicht selbst ausgesucht hatte. Mit einem Mal fühlte er sich völlig kraftlos. Das Schreien und Toben hatte den letzten Funken Überlebenswillen in ihm ausgelöscht. Erschöpft sank er auf die Knie und verbarg seinen Kopf zwischen den Händen. Sollte das Feuer doch näher kommen. Sollte es ihn umzingeln, einkreisen, vernichten. Ihm war es gleichgültig.

Ray wusste nicht, wie lange er so zusammengekauert auf dem Boden ausgeharrt hatte. Es konnten Minuten oder auch Stunden gewesen sein. Als er den Kopf hob, weil er ein Geräusch vernommen hatte, stockte ihm für einen Augenblick der Atem. Unmittelbar vor ihm stand ein Furcht einflößender Mann mit schwarzem Haar und Bart. Er stützte sich auf einen langen Stab und betrachtete ihn neugierig. Und ein bisschen sorgenvoll, dachte Ray, während er sich beeilte, auf die Füße zu kommen.

Der Mann war groß – auf jeden Fall größer als Ray – und kräftig. Seine Brust und sein Bauch ausgeprägt muskulös und er trug nichts weiter als eine Art Lendenschurz. Seine dunkle Haut war an den Schultern, an den Oberarmen und am Rücken von unzähligen Narben übersät und im Gesicht hatte er sich mit weißer Farbe ein bizarres Strichmuster aufgemalt, das ihm ein martialisches Aussehen verlieh.

Er betrachtete den fremden Weißen ebenso misstrauisch, wie Ray ihn musterte. Nachdem er jetzt stand, konnte Ray sehen, dass der Fremde nicht allein war. Ein halbes Dutzend dunkelhäutiger Männer umringten ihn und wirkten ebenso unsicher, wie Ray sich fühlte.

Jetzt sprach der Älteste mit einer tiefen, wohlklingenden Stimme in einer Sprache, die Ray nicht verstand. Es klang fremdartig, aber nicht bedrohlich, und Ray schöpfte Hoffnung, dass man ihn am Leben lassen würde.

Es war schon merkwürdig. Obwohl er im tiefen Inneren wusste, dass er eigentlich nichts zu befürchten hatte, raste sein Herz und klopfte so sehr, dass er das Pulsieren des Blutes in seinen Adern spüren konnte. Mehr noch als bei der Begegnung mit den drei Pferdedieben.

Über 150.000 Straftäter waren bis vor knapp 10 Jahren nach New South Wales und Tasmanien transportiert worden, um dort – fernab der Gesellschaft, aus der sie stammten – ihre Strafen abzusitzen. In gewisser Weise war Ostaustralien nichts weiter als ein Freiluftgefängnis für Sträflinge, die wegen wiederholter Vergehen verurteilt worden waren. Prostituierte, Schläger, Diebe, Betrüger ... Menschen, die es in ihren Städten nicht geschafft hatten. Und doch fürchtete sich Ray in diesem Augenblick mehr vor dem Unbekannten, dem Fremden, dem Andersartigen, als er sich zuvor im Angesicht der kriminellen Strauchdiebe gefürchtet hatte. Es war eine ganz andere Art von Angst, ein nicht näher zu beschreibendes Unwohlsein.

Doch nichts geschah. Die Aborigines betrachteten ihn schweigend und als er sich nun abwandte, um zu gehen, ließen sie ihn unbehelligt ziehen. Ray spürte ihre Blicke auf seinem Rücken und fragte sich bereits, ob er die richtige Entscheidung getroffen hatte. Vielleicht hätten die Aborigines ihm helfen können? Vielleicht hätten sie seinen Durst und seinen Hunger gestillt? Ihn bei der Suche nach Archer unterstützt? Aber wie hätte er sich ihnen verständlich machen sollen?

Die Sonne warf immer längere Schatten. Ray stolperte, strauchelte. Seine Beine hatten nicht mehr genug Kraft, um seinen Körper zu tragen. Er sank auf die Knie, versuchte, wieder hochzukommen, schaffte es nicht. In seinem Kopf drehte sich alles. Er glaubte, seinen Vater zu ihm sprechen zu hören, sah Emily vor sich, spürte die kühle, tröstende Hand seiner Mutter auf der Stirn und ergab sich dem Gefühl angekommen zu sein. Er brauchte nichts weiter zu tun, als sich auf den sandigen Boden zu legen und zu warten. Dann würden seine Eltern, seine Mutter und sein Vater, die Arme ausbreiten und ihn willkommen heißen.

Ray wusste jetzt, dass er einen Fehler gemacht hatte. Mindestens einen. Er hätte Archer nicht fortschicken dürfen. Und er hätte die Aborigines um Hilfe bitten müssen. Vielleicht hatte der Fremde ihm genau das angeboten? Hilfe? Und er hatte ihn einfach nur nicht verstanden?

Ray rollte sich auf dem Boden zusammen. Seine Lippen brannten. Sein Kopf schmerzte. Er versuchte die Augen offen zu halten, doch seine Lider fielen immer wieder zu.

Nick würde sich vermutlich freuen, wenn er die Nachricht hörte, dass Ray und Archer gescheitert waren. Dass man Rays toten Körper mitten in der Steppe, fernab der festgelegten Route, entdeckt hatte.

Und Archer? Würde man Archer wiederfinden? Oder lag er ebenso wie Ray irgendwo hilflos und dem Tode nahe? Würde sein Kadaver irgendwelchen Aasfressern als Nahrung dienen? War das die wahre Bestimmung des edlen Tiers?

»Archer«, flüsterte Ray. »Archer, verzeih mir.« Dann verlor er die Besinnung.

Er wurde davon wach, dass ihm jemand sacht über die Wange fuhr. Eine weiche Hand strich ihm eine Haarsträhne aus der Stirn und pustete ihm Luft zu.

»Mom …« Ray versuchte vergeblich die Augen zu öffnen. Seine Lippen verzogen sich zu einem Lächeln. Er hatte es geschafft, er war wieder daheim.

Seine Mutter schnaubte.

Jetzt versuchte Ray noch einmal, die Augen aufzureißen. Und schaffte es. Wenn auch nur für einen winzigen Moment. Doch dieser Moment reichte, um zu sehen, dass es nicht die warme, weiche Hand seiner Mutter war, die ihn berührte. Nicht ihr Atem. Und nicht ihr Schnauben.

»Archer ...« Rays Stimme war nicht mehr als ein Krächzen. Doch das Lächeln auf seinen Lippen wurde intensiver. »Archer ...« Nicht er hatte den Hengst gefunden, sondern der Hengst ihn! Ray spürte seine Lebensgeister wiedererwachen, seinen Mut zurückkehren.

Er schaffte es, einen von Archers Steigbügeln zu umklammern und versuchte sich daran hochzuziehen. Doch auf halbem Wege gab er auf und ließ sich wieder zurücksinken.

Archer stupste ihn mit den Nüstern an und scharrte mit dem Vorderhuf im sandigen Boden, als wollte er sagen: Nun steh doch endlich auf!

Ray griff mit beiden Händen nach Archers Halfter, als der Hengst seinen massigen Kopf über ihn beugte, und Archer zog ihn hoch, blieb ruhig stehen, als Ray sich gegen ihn lehnte. Alleine hatte er nicht genügend Kraft, um sich aufrecht zu halten. Blind tastete Ray nach der Satteltasche. In seinem Kopf hämmerte nur ein einziger Gedanke: Wasser! Er brauchte dringend Wasser!

Ray wusste nicht, wie er es geschafft hatte, aber endlich hatte er den Verschluss der Tasche geöffnet und hielt sich einen Lederbeutel an die rissigen Lippen, ließ die kostbare Flüssigkeit seine Kehle entlangrinnen. Sein Durst war bei Weitem noch nicht gelöscht, als der letzte Tropfen viel zu schnell seine Zunge berührte. Aber er gab ihm genug Kraft, um sich irgendwie auf Archers Rücken zu ziehen. Den Kopf gegen die Mähne des Pferdes gelehnt, ließ er sich von Archer ins Dunkel der Nacht führen. Er wusste nicht, ob es der richtige Weg war. Ob es den richtigen Weg überhaupt gab. Also überließ er sich dem Willen des Pferdes. Wohin auch immer Archer ihn bringen würde, es konnte nicht schlimmer sein als hier inmitten von Sand, Steinen und trockenen Sträuchern. Und es dauerte auch nicht lange, bis der kleine Bruder des Todes ihn erneut übermannte.

Das Erwachen war schrecklich und schön zugleich. Ray riss den Mund auf und schnappte nach Luft, als das kalte Wasser seine Kleider durchtränkte. Es dauerte einen Augenblick, bis er begriff. Bis er erkannte, dass Archer ihn inmitten eines kleinen Flusses aus dem Sattel gekippt hatte. Mit bloßen Händen schöpfte er das kalte, frische Wasser und trank gierig, während Archer neben ihm stand und ebenfalls seinen Durst stillte.

Ray meinte, noch nie in seinem Leben so viel auf einmal getrunken zu haben, als er sich Minuten später zurücklehnte und in den sternenklaren Nachthimmel sah. Er würde wohl doch noch etwas warten müssen, bis er mit Mutter und Vater wiedervereint war.

Die Kleider trockneten an dem kleinen Feuer, das Ray entfacht hatte. Archer graste zufrieden am Ufer des Flusses und Ray betrachtete das Pferd dankbar. Noch nie zuvor war er so kurz davor gewesen, sein Leben zu verlieren. Und ohne Archer … Diesen Gedanken ließ Ray unbeendet. Der augenblicklichen Gefahr war er noch einmal entkommen. Aber wie sollte es nun weitergehen? Er hatte nicht die geringste Ahnung, wo er sich befand. Wie er nach Melbourne kommen sollte. Sein erstes Ziel, wenn die Sonne zurückkehrte, musste es also sein, den richtigen Weg wiederzufinden. Den Weg, der ihn nach Melbourne führte.

Ray wickelte sich in seine Decke und schloss die Augen, nur um sie sofort wieder aufzureißen. Er hatte an das chinesische Mädchen gedacht, das ihm zusammen mit seiner kleinen Schwester zum Abschied gewunken hatte. Er wusste nicht, warum ausgerechnet sie ihm plötzlich eingefallen war. Doch bei der Erinnerung stahl sich ein heimliches Lächeln auf seine Lippen. Auf jeden Fall würde er eine Menge zu erzählen haben, wenn er von seiner Reise zurückkehrte. Und vielleicht hatte sie ja Lust, ihm zuzuhören. Er spürte sein Herz schneller schlagen bei dieser Vorstellung. Und bei dem Gedanken daran, dass er jetzt überhaupt wieder eine Zukunft hatte, die noch vor so kurzer Zeit gar nicht sicher gewesen war, überkam ihn ein warmes Gefühl der Verbundenheit mit Archer, der ihm das Leben gerettet hatte. Was auch immer noch geschehen würde, ob sie Melbourne erreichten oder nicht, niemals würde er vergessen, was er dem Pferd schuldig war, was Archer für ihn getan hatte.

Als er nun endlich in den dringend benötigten Schlaf fiel, träumte er davon, wie er mit der hübschen Chinesin Hand in Hand durch die Straßen Jembaicumbenes lief und ihr von seinen überstandenen Abenteuern erzählte.

Keira stand auf der Spitze des Berges und ließ seinen Blick über die Steppe schweifen. Yalla war so dicht neben ihm, dass sie sich beinahe gegen sein Bein lehnte. Sie hielt die Nase in die Höhe und witterte.

Es war ein nahezu unheimlicher Anblick, der sich ihnen bot: Kahle, verkohlte Stämme ragten in den wolkenlosen Himmel und die bodennahe Vegetation fehlte völlig. Die Erde erschien silbrig grau. Doch bereits nach wenigen Metern erstrahlte alles wieder grün. Als wäre nie etwas gewesen. Dort hatte der Wind den Brand gestoppt.

Keira wusste, dass es nicht lange dauern würde, bis die ersten Bäume neue Lebenszeichen von sich gaben. Das Feuer hatte eine reinigende Wirkung und Keiras Vorfahren hatten sogar bisweilen selbst Feuer gelegt, um die Artenvielfalt zu erhalten.

So gab es Pflanzen, die das Feuer brauchten, um überhaupt blühen zu können! Wie der Grasbaum, dessen Fortbestand von den immer wiederkehrenden Feuern abhing. Auch die Samen der Akazien und Eukalyptusbäume platzten durch die enorme Hitze des Feuers auf und begannen zu keimen, fanden im Aschebett ideale Bedingungen vor.

Keira wusste, dass auf dem gedüngten Boden alles besonders gut wachsen und gedeihen würde: Farne, Orchideen, Lilien lockten viele Tiere an. Zuerst die Insekten, dann die Vögel. Schließlich würde ein Kampf um Wasser, Licht und Nahrung beginnen. Manche Pflanzen und Tiere verloren diesen Kampf, andere gewannen ihn. Der Eukalyptus etwa, der, während er wuchs, den bodennahen Pflanzen das Licht und die Lebensenergie nahm. Dafür gediehen nun Schattenpflan-

zen, lockten neue Tiere an, vertrieben andere. Auf diese Weise ergab sich ein steter Kreislauf der Natur.

Jedem Ende wohnt auch ein Anfang inne, dachte Keira.

Um sein eigenes Fortbestehen musste Keira sich keine Sorgen machen, denn Schnabeligel, Wombats und Reptilien überstanden kleinere Buschfeuer, indem sie sich in Löchern und Gängen im Boden einbuddelten. Andere hatten weniger Glück: Insekten und Spinnen überlebten ein Buschfeuer normalerweise nicht. Ebenso wenig wie die Koalas, deren Zuflucht die Bäume waren, auf denen sie schließlich elendig verbrannten.

Yalla winselte und stupste Keira mit ihrer Schnauze an.

Keira betrachtete die Hündin und nickte. »Ja, Yalla, wir gehen jetzt auf die Jagd.« Und er wandte sich um und suchte sich seinen Weg durch die Felsenlandschaft. Gefolgt von seinem Walaku.

Daraufhin begann das Gras zu wachsen,
und die Bäume sprossen hervor.
Und so begann alles Leben auf der Erde.
Oodgeroo

RAY erwachte davon, dass er fror. Das Feuer war bis auf den letzten rot glühenden Rest heruntergebrannt, den Ray mit Wasser aus dem Fluss löschte.

Archer beobachtete ihn, während Ray ihren Aufbruch vorbereitete, und schien es kaum erwarten zu können, dass sie ihren gemeinsamen Weg fortsetzten. Ihre Beziehung, die auf Mr de Mestres Gestüt ihren Anfang genommen hatte, war im Verlauf der letzten Tage und besonders durch das gestrige Ereignis, als Ray, dem Tod nahe, geglaubt hatte, er würde Archer nie wiedersehen, weiter gefestigt worden. Und ein Teil von Ray fürchtete sich bereits jetzt davor, dass ihre vertraute Zweisamkeit enden würde, sobald sie ihr Ziel erreicht hatten. Vorausgesetzt, sie würden es jemals erreichen.

Ray zog den Gurt fest und überprüfte sorgfältig den Sitz des Sattels und der Satteltaschen, bevor er sich auf Archers Rücken schwang und das Pferd wendete. Er hatte versucht, anhand des Kartenmaterials, das Mr de Mestre ihm mitgegeben hatte, ihre genaue Position herauszufinden, war sich jedoch nicht sicher, ob er die richtigen Rückschlüsse gezogen hatte. Er wusste nur eins: Bevor er die Suche nach Archer begonnen hatte, die schließlich damit endete, dass Archer ihn fand und ihm das Leben rettete, war er nicht weit von dem Gebirge entfernt gewesen, das sie überqueren mussten. Und ein Gebirge sollte nicht schwer zu finden sein, dachte Ray. Der Mount Kosciuszko war immerhin die höchste Erhebung Australiens. Natürlich musste er nicht den Gipfel bezwingen, und doch dachte Ray mit Schrecken daran, wie beschwerlich diese Etappe für ihn und das Pferd werden würde.

Jetzt verfluchte er sich dafür, dass er am Tag zuvor auf Archers Rücken dem Pferd die alleinige Führung überlassen hatte. Er wusste nicht einmal, in welche Himmelsrichtung Archer ihn von der Route abgebracht hatte. Süden? Norden? Osten? Westen? Er versuchte, anhand des Sonnenstandes den Südwesten zu bestimmen und schnalzte mit der Zunge, damit Archer sich in Bewegung setzte.

Zum Glück dauerte es nicht lange, bis Ray in der Ferne die ansteigenden Berge erkennen konnte. Und bald schon hatten sie die Stelle wiedergefunden, an der Ray von den Buschbränden überrascht worden war. Es war ein merkwürdiger Anblick: Hier und da ragten kahle, verkohlte Baumstämme in den wolkenlosen Himmel. Die Erde erschien an manchen Stellen silbrig grau und nur wenige Meter weiter, wo Wind und Sandboden den Brand gestoppt hatten, erstrahlte alles in saftigem Grün, als wäre nie etwas gewesen.

Hinter der Steppenlandschaft erhob sich das Gebirge, dessen Gipfel um diese Jahreszeit vermutlich sogar noch von Schnee bedeckt waren. Aber so hoch wollte Ray gar nicht hinaus. Er hoffte, dass er diesmal den richtigen Weg nicht aus den Augen verlieren würde. Den Informationen zufolge, die er besaß, war es durchaus möglich, die Snowy Mountains auf halbwegs sicheren Pfaden zu durchqueren. Doch wer konnte das schon so genau wissen?

Der erste Anstieg war leicht zu bewältigen. Doch schon bald erschwerte Nebel die Sicht und Archer begann erneut zu lahmen. Ray ließ sich leise fluchend aus dem Sattel gleiten und führte Archer am Zügel voran. Der verletzte Huf bereitete nun dauerhaft Probleme. Wie sollte das Tier damit die noch fehlenden 400 Meilen bis Melbourne durchstehen? Und vor allem: Wie sollte es mit dem verletzten Huf ein Rennen über zwei Meilen gewinnen?

Ray merkte, dass nicht nur er des Laufens allmählich müde wurde. Auch der große Braune hatte etwas von dem Feuer verloren, das ihn am ersten Tag ihrer Reise noch ausgezeichnet hatte. Ein Lächeln huschte über Rays Lippen, als er sich jetzt daran erinnerte, wie er beinahe mit der Kutsche der Goldgräberfamilie zusammengestoßen war, weil Archer um jeden Preis galoppieren wollte. Jetzt trottete der Hengst gelangweilt neben ihm her, als wäre er ein anderer.

Je höher Ray und Archer kamen, desto kühler wurde

es. Obwohl Ray mittlerweile jedes Kleidungsstück, das er mitgenommen hatte, am Körper trug und der Weg sie stetig bergauf führte und dadurch nicht leicht zu bewältigen war, fror er. Archer war ebenfalls durch eine Decke vor der Kälte geschützt, doch Ray bezweifelte, dass sie ausreichend Wärme bieten würde, wenn sie rasteten.

Mittlerweile war der Nebel so dicht, dass Ray nur noch etwa vier Schritte weit vorausblicken konnte. Er schüttelte den Kopf, während er sich eingestand, dass es keinen Sinn machte, weiterzureiten, wenn er nicht das Risiko eingehen wollte, erneut vom Weg abzukommen. Ohnehin befand er sich bereits nicht mehr auf der Route, die Mr de Mestre für ihn erarbeitet hatte. Sein Boss wartete vermutlich schon verzweifelt auf ein Lebenszeichen von ihm. Nun – er würde noch länger darauf warten müssen.

Als Ray in diesem Augenblick einen Einschnitt im Felsen bemerkte, der ihm und Archer zumindest ausreichend Schutz vor Niederschlag und Wind bot, zögerte er nicht lange. Fast kam es ihm wie ein Fingerzeig Gottes vor, dass er in dieser einsamen Gegend und trotz der schlechten Sichtbedingungen diese höhlenartige Vertiefung gefunden hatte. Und obwohl er eigentlich noch mit ein bis zwei Stunden Tageslicht gerechnet hatte, beschloss er, die heutige Etappe hiermit vorzeitig zu beenden.

Auch Archer schien froh zu sein, als Ray ihn von Sattel und Gepäck befreite. Er schubberte seinen Rücken an der Felswand und gab dazu grunzende Geräusche von sich.

Ray musste lachen, als er das Pferd beobachtete, doch das Lachen verging ihm, nachdem er Archers Vorderbein untersucht hatte. Die Fessel des Pferdes war warm und leicht geschwollen. Archer hatte eine Entzündung. Ray fluchte leise vor sich hin.

Noch drang ein wenig Tageslicht in die Höhle. Nicht viel, doch nachdem sich Rays Augen an das Halbdunkel gewöhnt hatten, konnte er alle Umrisse erkennen. Aber er wusste, dass es nicht mehr lange dauern würde, bis die Dunkelheit einsetzte und alles verschlang.

Er hatte sich einen Kerzenstummel für Notfälle eingesteckt, und jetzt – so entschied Ray – war dieser Notfall eingetreten. Denn die Vorstellung, bei vollkommener Finsternis in der Höhle festzusitzen, hatte etwas überaus Beunruhigendes an sich. Ray holte Zunderbüchse und Kerze aus der Satteltasche hervor, entzündete den Docht, ließ ein wenig Wachs auf einen Felsvorsprung tropfen und setzte die Kerze anschließend darauf.

Jetzt hatte er genügend Licht, um die Reste ihres Proviants hervorzusuchen. Viel war nicht übrig geblieben und Ray dachte mit Schrecken daran, dass er nichts mehr hatte, was er an Archer verfüttern konnte und dass es im Gebirge schwer werden würde, etwas zu finden.

Archer machte sich über die Zukunft weniger Sorgen und zermalmte zufrieden die letzte Ration der Getreidemischung, die die dünne Elisabeth Ray für ihn mitgegeben hatte.

Aus Rays Mund entwichen kleine weiße Wolken. Seine Arme und Beine zitterten ohne sein Zutun und seine Kiefer schlugen klappernd aufeinander. Er war überrascht von dieser klirrenden Kälte, mit der er so nicht gerechnet hatte. Ende Oktober waren die kalten Tage und Nächte eigentlich vorbei und das Land sah dem Frühling entgegen. Doch in dieser Höhle, auf dem kalten Felsboden, schien sich der Winter hartnäckig zu halten.

Auch aus Archers Nüstern quollen weiße Wölkchen hervor. Besorgt betrachtete Ray den Hengst, der seinen verletzten Vorderlauf in Schonhaltung angehoben hatte und im Stehen schlief.

Das unruhige Flackern der Kerze zog Rays Aufmerksamkeit auf sich und er schaute gerade in dem Augenblick hin, als der Docht den letzten Rest Wachs verzehrte, erlosch und Ray in absoluter Finsternis zurückließ.

Jetzt, nachdem er der Fähigkeit des Sehens beraubt war, erschien ihm das Pfeifen des Windes umso lauter. Ein stetiges Heulen und Zischen drang an seine Ohren, während der Wind sich durch schmale Ritzen zwängte und um Ecken fegte.

Ray versuchte zu schlafen. Doch er fand keine Ruhe, wälzte sich auf dem harten Untergrund von einer Seite auf die andere. Seine Gedanken drehten sich unablässig im Kreis: Würde er Melbourne rechtzeitig erreichen? Was würde Emily sagen, wenn sie ihn sähe? Und Tante Amy? Konnte Archer an dem Rennen teilnehmen? Oder würde er von der langen Reise zu erschöpft sein? Und hatte er tatsächlich Aussichten auf den Sieg in diesem

Wettstreit, in dem die besten und schnellsten Pferde Australiens gegeneinander antreten sollten? Was sollte er tun, wenn die Entzündung in Archers Vorderlauf nicht rechtzeitig abheilte?

Ray hatte von den unglaublichen Erfolgen des Hengstes Mormon gehört, der auch als Favorit für den neu ausgerufenen *Melbourne Cup* gehandelt wurde und als unbesiegbar galt. Hatte Archer eine Chance gegen Mormon? Er – der Außenseiter aus New South Wales? In einem Feld von preisgekrönten Rennpferden? Es gehörte nicht viel Fantasie dazu sich auszumalen, dass ein Pferd, das nicht aus Victoria selbst stammte, bei diesem Lokalderby nicht gerne gesehen sein würde. Bestimmt wollten die ortsansässigen Gestütsbesitzer das Rennen unter sich austragen. Würde Archer es schaffen, ihnen einen Strich durch die Rechnung zu machen?

Eigentlich war Ray von Archers Siegeschancen überzeugt gewesen, als er mit dem Hengst zusammen zu dieser Reise aufgebrochen war. Doch die Ereignisse der letzten Tage hatten seinen starken Glauben an den Erfolg ins Wanken gebracht. Vielleicht hatte er sich und Archer eine zu große Last aufgebürdet. Vielleicht war Nicks Behauptung, Archer sei nicht gut genug, um sich in einem so bedeutenden Rennen gegen die starke Konkurrenz durchzusetzen, doch richtig gewesen.

Wie eine übergroße Spinne, die in ihrem Netz auf Beute lauert, hing die Angst zu versagen mit einem Mal über Ray. Eine Furcht einflößende Spinne mit dickem Hinterleib, handtellergroß, mit behaarten Beinen und rot glühenden Augen, die ihn gierig anstarrte. Ray konnte ihre Giftklauen sehen, die sie in diesem Moment spreizte, während sie den Vorderkörper aufrichtete und ihn drohend fixierte. Er wollte schreien, doch aus seinem weit aufgerissenen Mund kam nicht der geringste Laut. Er versuchte aufzuspringen und wegzulaufen, doch seine Beine versagten ihm den Dienst. Er konnte sie nicht einmal bewegen. Wie gelähmt musste er zusehen, als die Spinne näher und näher kam und dabei zu wachsen schien, bis sie schließlich die Größe eines Dingos hatte. Und sie hörte nicht mehr auf zu wachsen, wurde größer und immer größer, war bald fast so groß wie Ray selbst. Und jetzt endlich entwich seinen geöffneten Lippen der angestaute Angstschrei.

Ray schrie und richtete sich auf. Schweiß stand auf seiner Stirn und sein Herz pochte heftig in seiner Brust. Nur ganz langsam wurde ihm bewusst, dass er geträumt hatte. Er rieb sich die Augen und stieß erleichtert die Luft aus. Es war nur ein Traum gewesen. Nichts weiter.

Archer wieherte leise in der Dunkelheit, als wollte er sich vergewissern, dass alles in Ordnung war.

»Alles gut, mein Junge«, sagte Ray beschwichtigend, während er sich zurück unter seine Decke legte und darauf wartete, dass sein Herzschlag sich beruhigte.

Er starrte in die nachtfinstere Höhle, die plötzlich gar nicht mehr so dunkel war, nachdem der Mond mittlerweile hoch oben am Himmel stand und sein kaltes Licht durch die breite Öffnung in die Höhle hineinschien.

Überrascht stellte Ray fest, dass er einige Umrisse

wahrnehmen konnte. Dass er Archer erkannte, der sich nur wenige Schritte von ihm entfernt ebenfalls hingelegt hatte. Dass er seine Hände sehen konnte, wenn er sie sich vor das Gesicht hielt. Und die Spinne, die nicht einmal zwei Ellen von ihm entfernt ihre Vorderbeine nach oben streckte, den Körper aufgerichtet und ihre Giftklauen angriffslustig gespreizt. Ihr Körper glänzte, vom Mondlicht beschienen, metallisch. Sie war etwa vier Zentimeter groß, sehr kompakt und hatte kräftige Beine. Und diesmal war sie kein Traumgebilde – dieses Mal war sie echt!

Ray vergaß beinahe zu atmen. Es kam ihm vor wie eine Ewigkeit, bis er es endlich schaffte, sich zu bewegen und von der ihn bedrohenden Spinne wegzurücken. Den Blick starr auf das Tier gerichtet, rutschte er mit dem Gesäß rückwärts über den kalten, harten Boden, bis er an eine Felswand stieß, die seine Flucht abrupt stoppte.

Doch er war nicht weit genug gekommen. Die Spinne schnellte vor und Ray schrie vor Entsetzen und Schmerz laut auf, als sich ihre Giftklauen in seine Wade bohrten.

Archer sprang erschrocken hoch, wieherte und versuchte zu steigen, während die Spinne in der Dunkelheit der Höhle verschwand.

Schwer atmend lehnte Ray am kühlen Felsen und wartete darauf, was nun mit ihm geschah. Wartete, dass das Gift der Spinne zu wirken begann. Wie viel hatte er abbekommen? War die Dosis tödlich? Würde dies nun das Ende sein?

Keira erwachte von Yallas Winseln. Der Mond stand hoch oben am Himmel und tauchte alles in ein silbriges Licht. Schlaftrunken wandte Keira sich seinem Walaku *zu.*

»Was ist?«, fragte er leise. »Was hast du gehört?« Er lauschte in die nächtliche Stille, konnte aber nichts Beunruhigendes wahrnehmen.

Yalla wedelte mit dem Schwanz und drängte sich dicht an ihren Herrn.

»Schlaf weiter«, forderte Keira die Hündin auf. »Es ist nichts. Nur ein Possum oder ein Wombat, der durch die Nacht schleicht.« Er streichelte Yallas warmes, weiches Fell und bald darauf gab das Tier im Schlaf Geräusche von sich.

Doch nun lag Keira wach und dachte über all das nach, was ihn hierher, in die Einsamkeit der Berge, geführt hatte, zurück zu den Wurzeln seiner Vorfahren: Den Tod der Mutter. Den Tod des Vaters. Das Misstrauen der Dorfgemeinschaft gegen ihn, der anders war. Die Angst vor ihm, dem Fremdartigen, der niemanden hatte, den er einen Freund nennen konnte. Die jungen Männer in seinem Alter waren anders als er. Sie sahen anders aus, sie benahmen sich anders, machten sich über andere Dinge Gedanken. Wenn sie sich überhaupt Gedanken machten. Einer wie er hatte nirgends einen Platz. Nicht in der Gemeinschaft, aus der sein Vater gekommen war, und auch nicht in der Gemeinschaft, aus der seine Mutter stammte. Für die einen war er genauso fremd wie für die anderen.

Wenn er einen Bruder oder eine Schwester gehabt hätte, dann wäre er vielleicht nicht so allein gewesen. Dann hätte es im Land der Regenbogenschlange noch jemanden gegeben, der so war wie er. Aber er hatte keinen Bruder. Und auch keine Schwester. Er hatte niemanden. Niemanden außer Yalla, die ihn so annahm, wie er war. Die sich keine Gedanken über seine Herkunft, seine Abstammung machte. Für die nur eins zählte: dass er gerecht zu ihr war wie ein Freund. Ja, Yalla war sein Freund. Der beste, den er je gehabt hatte. Ihr konnte er vertrauen.

Und sie vertraute ihm.

Alle Tiere ... wachten auf
und folgten der Regenbogenschlange,
der Mutter des Lebens, durchs Land.
Oodgeroo

Es ging schnell. Schneller, als er gedacht hatte. Die Stelle, an der die Spinne ihn gebissen hatte, schmerzte und Ray spürte, wie die Haut an seiner Wade anschwoll. Er schwitzte und konnte kaum atmen, sog gierig und mit offenem Mund die Luft ein. Seine rechte Wange begann zu zucken und er tastete mit einer Hand danach, konnte die Muskeln arbeiten spüren, ohne ihnen den Befehl dazu gegeben zu haben. Es war beängstigend.

Seine Augen tränten und er merkte, dass ihm Speichel aus den Mundwinkeln lief und er seine Zunge nicht mehr kontrollieren konnte. Sie lag wie ein unnützer nasser Lappen in seinem Mund. Ohne die geringste Funktion. Ein Fremdkörper. Seine Brust schmerzte und er drückte mit beiden Händen fest gegen seine Rippen, als könnte ihm das in irgendeiner Weise Linderung verschaffen. Doch vergebens.

Ray versuchte, sein Bein zu sich heranzuziehen, aber er wusste nicht wie. Seine Glieder schienen nicht mehr zu ihm zu gehören. Dann wurde ihm übel. Während er sich übergab, fürchtete er zu ersticken, denn er hatte über keine einzige seiner Körperfunktionen mehr Kontrolle.

Er hatte über gar nichts mehr Kontrolle und während sein Geist ihn allmählich verließ, galten seine letzten klaren Gedanken Archer. Was würde mit dem Hengst geschehen? Würde Archer neben seinem, Rays, totem Körper ausharren? Oder würde er einen Weg finden, sich zu retten? Würde er nun doch den Pferdedieben in die Hände fallen? Von einem Buschbrand getötet werden? Vom Blitz getroffen? Verhungern? Verdursten?

Rays Oberkörper sank auf den Boden und Dunkelheit legte sich über ihn.

Archer stand regungslos in der Finsternis und blickte auf Ray. Der Mensch rührte sich nicht und der Hengst wusste genau, dass irgendetwas nicht stimmte. Ganz und gar nicht stimmte. Er schnaubte, dann machte er einige Schritte auf Ray zu und stupste ihn mit der Nase an. Doch auch jetzt blieb alles still. Zu still. Archer schlug mit dem Kopf und wieherte leise. Dann legte er sich nah an Rays bewegungslosen Körper, als wollte er ihn wärmen, und wartete.

Die Bergspitzen färbten sich allmählich orange. Keira lag noch immer mit offenen Augen auf seinem Nachtlager und beobachtete den Sonnenaufgang. Ein neuer Tag brach an und musste gefüllt werden.

Keira hatte nie viel Gesellschaft gebraucht. Auch nicht, als er noch mit seinem Vater zusammen in der Dorfgemeinschaft gelebt hatte. Er war sich selbst genug. Und in der ersten Zeit in den Bergen hatte er das Alleinsein regelrecht genossen. Nur selten hatte er sich nach Menschen gesehnt. Doch je länger die Einsamkeit anhielt, desto stärker spürte Keira das Verlangen, sich mit jemandem auszutauschen. Mit jemandem, der nicht Yalla war, die jetzt neben ihm lag und ihn aus ihren braunen Augen aufmerksam beobachtete, auf jede Regung von ihm wartete. Und sei sie auch noch so klein und unbedeutend. Die Hündin wusste stets, wie er sich fühlte. Und so spürte sie auch jetzt, dass er traurig war.

Keira strich dem Dingo zärtlich über das rotbraune Fell und Yalla leckte ihm tröstend die Hand. »Lust auf Kaninchenbraten?«, fragte er und die Hündin sprang auf, wedelte mit dem Schwanz, als hätte sie seine Worte verstanden. Keira lachte und die Traurigkeit verschwand aus seinem Herzen. Nachdem er nun wusste, womit er diesen Tag füllen wollte, konnte er wieder frohen Mutes nach vorne blicken. Es versprach ein sonniger Tag zu werden und wenn sie bald aufbrachen, würden sie gewiss ein oder zwei Wildkaninchen finden, die die ersten wärmenden Sonnenstrahlen genossen und dabei unaufmerksam genug waren, um sich fangen zu lassen.

Yalla lief voraus. Die Nase dicht über dem Boden, versuchte sie eine verheißungsvolle Spur zu finden. Keira folgte der Hündin und beobachtete sie aufmerksam. Wurden ihre Schritte schneller, eilte sie in geduckter Haltung voran, dann wusste er, dass sie eine Fährte hatte.

Und er brauchte nicht lange zu warten. Yalla wirkte gehetzt und Keira hatte Mühe, ihr zu folgen. Sosehr der Dingo normalerweise auf seinen Menschen achtete –

wenn es ums Jagen ging, schien er Keiras Anwesenheit zu vergessen. Die Welt der Menschen verschwand und die Hündin hatte nur noch Augen und Ohren für ihre Beute.

Keira runzelte die Stirn, während er Yalla folgte, die den Berg immer weiter erklomm, anstatt auf den flachen und mit Gras bewachsenen Ebenen zwischen den einzelnen Hügeln zu bleiben, wo die Aussicht darauf, ein Kaninchen zu finden, zweifelsohne am größten war.

Welchen Geruch hatte der Hund in der Nase? Welches Tier verfolgte der Dingo? Keiras Zweifel, dass es ein Kaninchen war, wurden von Schritt zu Schritt größer. Doch irgendetwas hatte Yalla gefunden und sie blieb zielstrebig auf seiner Fährte.

An einem Höhleneingang blieb Yalla schließlich stehen. Ihr Nackenfell sträubte sich und so schnell sie bisher vorangeeilt war, so langsam und behutsam setzte sie nun eine Pfote vor die andere.

Keira folgte der Hündin argwöhnisch. Ein Kaninchen würde er hier ganz gewiss nicht finden. Aber was erwartete ihn dann im Dämmerlicht der Höhle? Irgendeine Spur hatte Yalla bis hierhin verfolgt. Wessen Spur? Ein Blick auf Yalla zeigte Keira, dass die Hündin ängstlich war und er fasste seinen Speer fester, um einem Angreifer gegebenenfalls gewappnet entgegentreten zu können.

Keira trat vom Hellen ins Dunkle und einen Augenblick lang konnte er nicht das Geringste erkennen. Doch er hörte Yalla bedrohlich knurren und spürte, wie sich seine Haare an den Armen aufstellten. Dann hatten sich seine Augen an das Dämmerlicht gewöhnt und er erschrak, als sich nur wenige Schritte von ihm entfernt ein gewaltiger Hengst auf die Hinterbeine stellte und laut wieherte.

Yalla begann zu bellen und wich zurück. Jetzt konnte Keira auch die menschliche Gestalt sehen, die zusammengekauert auf dem Boden lag, dicht vor den Hufen des Pferdes. Im ersten Augenblick glaubte er, das Pferd wolle die leblose Gestalt vor sich mit seinen Hufen attackieren, doch dann wurde ihm klar, dass das Tier den Menschen beschützte. Vor ihnen beschützte.

»Yalla!« Keira rief den *Walaku* zurück. Der Dingo gehorchte augenblicklich und legte sich dicht neben Keira flach auf den Boden. »Ruhig«, sprach Keira auf den Hengst ein. »Ganz ruhig.« Keiras Gedanken überschlugen sich. Das Pferd trug Zaumzeug. Sattel und Satteltaschen lagen in einem Winkel der Höhle. Es war nicht schwer, eins und eins zusammenzuzählen: Pferd und Reiter gehörten zusammen. Doch mit der immer noch regungslosen Gestalt auf dem Boden stimmte eindeutig etwas nicht. Dieser Mensch brauchte Hilfe! Und zwar seine Hilfe! Aber wie sollte er an ihn herankommen?

Es war ein junger Mann, so viel konnte Keira erkennen. War er tot? Dann kam jede Hilfe zu spät. Oder war er bewusstlos? Vorsichtig bewegte sich Keira auf den Hengst und den Menschen zu. Immerfort sprach er besänftigend auf das aufgebrachte Tier ein und tatsächlich schien sich das Pferd beim Klang seiner Stimme etwas zu beruhigen. Vielleicht spürte es, dass Keira keine bösen Absichten hatte. Oder es wusste sogar, dass dieser Mensch dem anderen helfen konnte. Auf jeden Fall wich es zurück und Keira kniete neben der reglosen Gestalt nieder.

Er legte eine Hand auf die Brust des Fremden, hielt den Atem an und stieß ihn erleichtert wieder aus, als er das Heben und Senken des Brustkorbs spürte. Der junge Mann lebte – noch! Aber sein Puls war schwach. Keira wusste um die Gefahren in der Wildnis und mit geübten Blicken fand er schnell, wonach er suchte. Die Wade war hart und geschwollen. Ob es eine Rötung gab, konnte Keira bei dem schwachen Licht nicht feststellen, aber er war sich seiner Sache dennoch sicher. Auch wenn er nicht genau wissen konnte, wie alt der Spinnenbiss war, band er den Unterschenkel mithilfe eines Lederriemens, den er in der Satteltasche des Fremden fand, ab, damit das Gift keine Chance mehr hatte, sich weiter auszubreiten. Doch wenn er dem jungen Mann wirklich helfen wollte, dann musste er einen Weg finden, ihn hier wegzuschaffen. In Gedanken ging Keira bereits die Liste der Kräuter durch, die er brauchen würde, um das Gift aus dem Körper zu befördern. Sein Blick fiel auf das Pferd, das sich mittlerweile beruhigt hatte. Es beobachtete ihn aufmerksam und neugierig. Als hätte es verstanden, dass Keira seinem Reiter helfen wollte.

Keira taxierte das Gewicht des Fremden, dann schob er beide Arme unter den Körper des Bewusstlosen und hob ihn hoch. Er war leichter, als er gedacht hatte. Das

Pferd blieb ruhig stehen, als Keira den bewegungslosen Körper auf seinen Rücken hievte, als wüsste es, worum es ging.

»Braves Pferd«, sagte Keira ein wenig atemlos, dann pfiff er nach Yalla, die ebenfalls zu spüren schien, dass jetzt nicht der Moment für Spielereien war, und augenblicklich gehorchte. Keira griff nach dem Halfter des Hengstes und führte ihn aus der Höhle hinaus.

Das Tier folgte ihm, als hätte es sein Lebtag nichts anderes getan.

Der Fremde stöhnte und warf sich im Fieberwahn unruhig hin und her. Geduldig versuchte Keira wieder und wieder, ihm kleine Schlucke des Tees einzuflößen, der dem Körper helfen sollte, mit dem Gift fertigzuwerden. Aber er wusste nicht, ob seine Hilfe noch rechtzeitig kam, und fürchtete das Schlimmste. Nachdenklich betrachtete er das Gesicht des Jungen, das sich in unregelmäßigen Abständen schmerzvoll verzerrte. Es war ein junges Gesicht. Gewiss nicht älter als sein eigenes. Schmal, mit über den Wangenknochen gespannter Haut und tief liegenden Augen. Am Kinn wuchsen die ersten spärlichen Bartstoppeln und das dunkelblonde Haar war glatt.

Ein Schnauben ließ Keira aufsehen. Es war das Pferd, das einige Schritte entfernt stand und ab und zu hinüberschaute, wenn die Schmerzlaute des jungen Mannes übermächtig wurden. Dem Hengst hatte Keira schneller helfen können und die Entzündung im Vorderbein schien bereits abzuschwellen. Es war ein edles Tier, das hatte Keira schnell erkannt. Und er fragte sich, was den Jungen und das Pferd wohl zu ihm in die Berge geführt hatte. Woher kamen sie? Und was war ihr Ziel? Worauf hatte er sich eingelassen, als er ohne zu zögern geholfen hatte? Wer war der Fremde, der in diesem Augenblick wieder unzusammenhängende Worte ausstieß? Womöglich war er ein Pferdedieb? Ein Schurke, der bereits steckbrieflich gesucht wurde?

Bei diesem Gedanken fühlte Keira sich äußerst unwohl. Er hatte bereits mit genügend Scherereien zu kämpfen. Weitere konnte er wahrlich nicht gebrauchen.

Aber was wäre die Alternative gewesen? Er hätte den Fremden hilflos in der Höhle seinem Schicksal überlassen können. Und in diesem Fall wäre sein Schicksal der sichere Tod gewesen.

Nein, entschied Keira. Wer auch immer der Fremde war, was auch immer ihn in die Einsamkeit der Berge geführt hatte – er hätte nicht mit dem Wissen weiterleben können, dass er einem Menschen, der seine Hilfe dringend brauchte, diese verweigert hatte.

»Emily, nein!«

In der Stimme des Fremden lag pure Verzweiflung. Immer und immer wieder rief er ängstlich den Namen Emily und Keira hoffte, dass er noch Gelegenheit bekommen würde zu erfahren, wer Emily war und was sie mit dem Menschen, der hier auf seinem Lager um sein Leben kämpfte, verband oder verbunden hatte.

Ray saß auf Archers Rücken und galoppierte mit ihm durch eine schier endlos scheinende Wüste. Mal war es Sand unter den Hufen des Pferdes, mal verwandelte sich der Sand in Wasser und Archer flog über die Wellen. Dann wurde der Untergrund plötzlich zu Stein und anschließend zu einer Steppenlandschaft. Mit einem Mal waren überall Brandherde und Archer musste wieder und wieder über Feuer springen, das manchmal fontänengleich in einer Stichflamme bis hinauf in den Himmel schoss.

Ray hatte sich gerade von dem Schrecken erholt, als sie mit knapper Not einer solchen Stichflamme entkommen waren, da bemerkte er, dass sich die Gestalt des Hengstes veränderte. Er saß nicht mehr länger auf dem Rücken eines Pferdes – er ritt mit einem Mal auf einer gigantischen Spinne, die mit ihren acht Beinen pfeilschnell voraneilte. Er wollte schreien, aber er bekam keinen Ton heraus. Dann blickte er nach vorn und sah, dass das Tier einem kleinen Mädchen hinterherjagte, das angstvoll weinend vor ihnen weglief. Das Mädchen drehte sich wieder und wieder nach ihnen um, ihr Gesicht verzerrt vor Panik, und Ray erkannte, dass es Emily war. Er riss an den Zügeln, mit denen er die Spinne führte, doch das Tier rannte einfach weiter.

»Emily! Emily!«, schrie Ray, doch Emily reagierte ebenso wenig wie die Spinne, auf der er ritt. Plötzlich stand wie aus dem Boden gewachsen ein Mann vor ihm. Er hatte dunkles Haar, schwarze Augen, trug einen dichten Bart und Ray erkannte, dass es einer der Pferdediebe war. Der Fremde grinste ihn an und spielte mit dem Revolver in seiner Hand. Doch plötzlich veränderte sich das Aussehen des Mannes und Ray blickte in das Antlitz seines Vaters, der ihm mit erhobener Hand Einhalt gebot. Schlagartig blieb das Tier stehen und schrumpfte. Schrumpfte so schnell und so unerwartet, dass Ray auf den Boden knallte, als wäre er von etwas heruntergefallen. Dann spürte er einen schier unerträglichen Schmerz an seinem Bein und merkte, dass die Spinne ihn gebissen hatte.

Sein Vater war ebenso verschwunden wie Emily und er saß ganz allein in einer finsteren Höhle, als er die Augen aufschlug und sie – von dem hellen Sonnenlicht geblendet – augenblicklich wieder schloss. Doch der eine Wimpernschlag hatte ausgereicht, um das Gesicht wahrzunehmen, das sich über ihn beugte und ihn betrachtete. Ein dunkles, fremdartiges Gesicht mit geheimnisvollen Zügen: schmal, mit geschwungenen Lippen und strahlenden tiefbraunen Augen unter dichten Augenbrauen, das von langem, fast schwarzem, lockigem Haar umrahmt wurde.

Fast erwartete Ray, dass sich das Gesicht verändert haben würde, wenn er die Lider erneut aufschlug. Vielleicht würde er dann in die Fratze eines Dämons schauen oder Leere erblicken. Aber als er zwinkerte, war das Gesicht unverändert da. Erschrocken versuchte Ray sich aufzurichten, doch die Hand auf seiner Schulter hielt ihn mit sanfter Gewalt zurück.

»Bleib liegen«, sagte das Gesicht, das Ray losgelöst von

irgendeinem Körper erschien, als schwebte es mitten in der Luft. »Je weniger du dich bewegst, desto besser.«

»Wo bin ich?«, wollte Ray sagen, doch heraus kam nur »... bin ich?«

Das Gesicht schien ihn trotzdem verstanden zu haben, denn es antwortete: »Eine Spinne hat dich gebissen. Ich habe dich und dein Pferd in einer Höhle, nicht weit von hier, gefunden und hierher gebracht.«

Mit einem Mal fiel Ray alles wieder ein. Erneut versuchte er sich aufzurichten, doch noch immer hielt der Fremde ihn zurück.

»Keine Sorge«, sagte er. »Ich habe auch deine Satteltaschen geholt. Es ist alles hier. Du musst nur erst einmal gesund werden.«

»Archer!«, presste Ray angestrengt hervor. »Wo ist Archer?«

Das Pferd hob beim Klang des Namens den Kopf und Keira sah für einen Moment zu ihm hinüber. »Es geht ihm gut«, antwortete er. »Er hatte eine Entzündung am Vorderbein, die ich behandelt habe. Es geht ihm gut.«

Jetzt ließ sich Ray erleichtert zurück auf das Lager sinken. Und als hätte er auf nichts anderes als diese Antwort gewartet, schloss er seine Augen wieder und sank in einen diesmal traumlosen Schlaf.

Keira stieß erleichtert die Luft aus. Es sah ganz so aus, als würde er noch erfahren, wer Emily war.

Doch in der folgenden Nacht verschlechterte sich Rays Zustand wieder. Seine Stirn glühte und Keira kam mit den kühlenden Umschlägen, die er dem Fremden um Waden und Arme wickelte, gar nicht mehr nach. Dies war der Wendepunkt, das wusste Keira. Wenn der Körper des Jungen es jetzt schaffte, dann war die Gefahr gebannt. Wenn nicht … Dann hatte er ein Pferd, das nicht ihm gehörte, und einen Leichnam, dessen Namen er nicht einmal kannte.

Archer und Yalla verhielten sich auffallend ruhig. Als würden sie spüren, dass es um Leben und Tod ging. Keira lächelte bei diesem Gedanken. Wie kam es nur, dass Tiere ein so treffsicheres Gespür für Stimmungen hatten, das vielen Menschen – vor allem den hellhäutigen – fehlte?

Als die ersten Sonnenstrahlen die Berggipfel streiften und der Atem des Fremden allmählich wieder gleichmäßiger wurde, sank Keira in einen erschöpften Schlaf. Er hatte getan, was er konnte, um diesem Weißen das Leben zu retten. Ungeachtet der grausamen Geschichten, die er von seiner Mutter über die weißen Siedler gehört hatte, und der Erfahrungen, die er selbst mit ihnen gemacht hatte. Nun lag das Schicksal des Fremden nicht länger in seinen Händen.

Ray fühlte sich, als wäre er von einem Dutzend Hufschläge getroffen worden. Jeder Körperteil schmerzte. Und doch war er froh, den Schmerz zu spüren, der ihm deutlich zeigte, dass er noch am Leben war. Er wandte den Kopf und betrachtete das Gesicht des Fremden, der neben ihm lag. Es kam ihm merkwürdig vertraut vor, als hätte er es schon einmal irgendwo gesehen. Aber er konnte sich nicht erinnern, wann und wo das gewesen sein sollte.

Archer merkte, dass Ray erwacht war, und kam leise wiehernd näher, schnupperte an ihm, als wollte er sich vergewissern, dass er sich nicht verändert hatte und zwischen ihnen alles beim Alten war.

Ray schob den Hengst sacht zur Seite und richtete sich auf. Sein Blick fiel auf einen roten Dingo, der ihn aufmerksam beobachtete, die Ohren zuckten in einem Wechselspiel aus Neugierde und Angst. Ray blickte sich um. Er lag auf einem Lager vor einer einfachen Hütte aus Zweigen und Gräsern, die mehr an ein Zelt als an ein Haus erinnerte. Die Reste eines Feuers glommen in der Morgendämmerung. Jetzt erst blickte Ray an sich herab und entdeckte die Wickel an seinen Waden.

»Ich glaube, du hast es geschafft.«

Die Stimme kam überraschend und Ray wandte sich ein wenig erschrocken um. Der Fremde war erwacht, stützte sich auf einen Ellenbogen und musterte ihn freundlich.

»Warst du das?«, fragte Ray und deutete mit dem Kopf auf seine umwickelten Beine.

Der andere nickte. »Hast Glück gehabt, die Menge, die du bei dem Spinnenbiss abbekommen hast, war nicht tödlich.«

»Und was hast du getan?«

Der merkwürdige Fremde richtete sich auf und streckte sich. »Ich hab dich hergebracht und dir beim

Entgiften geholfen.« Er deutete auf einen Kessel, in dem die Reste einer trüb aussehenden Flüssigkeit schwammen.

»Was ist das?«

»Ein Trunk aus verschiedenen Kräutern.«

»Und wer bist du?«

»Mein Name ist Keira.«

»Keira? Ein merkwürdiger Name.«

»Meine Mutter gab ihn mir. In der Sprache meines Volkes bedeutet er *hoher Berg*. Der Berg ist mein Totem.«

»Totem? Die Sprache deines Volks? Du bist ein Aborigine?«

»So nennt ihr Weißen uns. Aber wir sind nicht einfach Aborigines. Es gibt viele verschiedene Stämme.«

»Aber du bist einer?« Ray versuchte, dem anderen offen in die Augen zu sehen. Dabei glitt sein Blick immer wieder weg von dem Gesicht des anderen und blieb an den Narben auf Schultern und Brust hängen. Die Narben befanden sich in gleichem Abstand zueinander. Als hätte jemand mit einem Messer ein Muster in Keiras Haut geritzt.

Keira lächelte. »Meine Mutter war eine Aborigine, ja, aber mein Vater war so weiß wie du.«

»Keira«, sagte Ray und blickte nachdenklich in die Ferne, während er dem Klang das Namens nachhörte. »Klingt zwar merkwürdig, aber gut.«

»Wir glauben daran, dass unser Totem uns beschützt. Es ist oftmals wichtiger als Vater und Mutter. Unser Totem ist das Tier oder der Gegenstand, der in der Nähe war, als unsere Mutter uns das erste Mal in sich spürte. Meine Mutter saß auf einem Berg, als sie das erste Mal fühlen konnte, dass ich mich in ihr regte. Und so gab sie mir den Namen Keira.«

Ray nickte. »Das gefällt mir«, sagte er. »Wie ich wohl hieße, wenn ich ein Aborigine wäre?« Sofort fiel ihm ein, was seine Mutter ihm einmal über die Zeit ihrer Schwangerschaft erzählt hatte. »Ich erinnere mich an einen Bericht meiner Mutter, dass sie an einem wunderschönen Bach saß, als sie mich in ihrem Bauch trug. Sie hat dem Rauschen des Wassers gelauscht und sich auf die bevorstehende Geburt gefreut.«

»Yinnell«, sagte Keira. »Dein Totem ist Yinnell. Der Bach. Jeder Mensch nimmt den Charakter des Totems an, in das er hineingeboren wurde.«

Bei dieser Vorstellung lächelte Ray. »Wie ist denn der Charakter eines Baches?«

Keira zuckte mit den Schultern. »Vielleicht nachgiebig und zugleich kraftvoll? Ein Bach schlängelt sich durch die Landschaft. Er hat genügend Kraft, seine Umgebung zu formen. Er kann Steine rund schleifen und Felsen ausspülen, sogar seinen Weg verändern. Und doch ist das Wasser selbst weich und nachgiebig.«

Ray nickte. Diese Beschreibung von sich gefiel ihm. Er wäre gerne so gewesen, wie Keira ihn dargestellt hatte. Weich und zugleich kraftvoll. »Also heiße ich in der Sprache deines Volkes Yinnell?« Er lachte. »Yinnell, das klingt schön.«

»In unserem Glauben hat die Regenbogenschlange

während ihrer Wanderung über die Erde die Flussläufe entstehen lassen. Dann hat sie die Frösche herbeigerufen und sie so lange gekitzelt, bis sie ihr gespeichertes Wasser in die Flussbetten laufen ließen. So entstanden die Flüsse und Seen.« Keira schwieg einen Augenblick. »Und wie heißt du sonst noch, Yinnell? Ich meine, in der Sprache deines Volkes?«

»Man nennt mich Ray. Raymond, aber alle sagen nur Ray zu mir.«

Keira nickte. »Und wer ist Emily, Ray?«

Ray sah Keira mit offenem Mund an. »Emily? Woher weißt du von ihr?« In seine Stimme schlich sich Misstrauen.

»Du hast von ihr gesprochen«, erklärte Keira. »Wieder und wieder hast du ihren Namen gerufen.«

Ray spürte seine Wangen rot werden. Vielleicht war ihm selbst nicht einmal bewusst gewesen, wie sehr er seine kleine Schwester vermisste. Aber dass er im Fieberwahn von ihr gesprochen hatte, zeigte deutlich, dass sie ihm fehlte. »Sie ist meine Schwester«, sagte er leise. »Der einzige Mensch von meiner Familie, der mir noch geblieben ist. Und selbst sie ist nicht mehr bei mir.«

Keira hörte die Traurigkeit in Rays Stimme. Vielleicht, weil diese Art der Trauer ihm selbst nicht fremd war.

»Du vermisst sie?«

Ray nickte.

»Bist du deswegen unterwegs? Weil du sie suchst?«

Ray sah Keira schweigend an. Dieser Junge war sonderbar hellsichtig. Wie lautete die Antwort auf diese

Frage? Er wusste es nicht. War er deswegen unterwegs? War er in Wahrheit auf dem Weg nach Melbourne, weil er seine Schwester vermisste? War das Rennen nichts weiter als ein Vorwand?

Sie waren glücklich auf der Erde,
und ein jedes lebte und jagte mit seinem eigenen Stamm.
Oodgeroo

RAY fühlte sich verstanden wie seit Langem nicht mehr. Es bedurfte nicht vieler Worte zwischen ihm und Keira und doch redeten sie, bis die Sonne hinter den Berggipfeln verschwunden war. Selbst wenn zwischendurch Schweigen herrschte, so war es eine einvernehmliche Stille, in der jeder seinen eigenen Gedanken nachhing, im beruhigenden Bewusstsein, dass der andere bei ihm war.

Jetzt lag Keiras Blick nachdenklich auf Archer. »Ein Rennen also, sagst du.« Er nickte. »Es ist ein kräftiges Pferd. Er ist bestimmt schnell.«

»Der Schnellste«, bestätigte Ray, nicht ohne Stolz in der Stimme.

»Ich würde ihn gerne einmal rennen sehen«, sagte Keira und es hörte sich an, als spräche er zu sich selbst.

Ray antwortete nicht.

»Seit ich das Dorf verlassen habe, bist du der erste Mensch, mit dem ich gesprochen habe. Erst jetzt merke ich, was mir gefehlt hat.«

»Seit wann lebst du hier alleine?«

Keira zuckte mit den Schultern, während er nachdachte. »Es war der zweite Winter hier oben. Der erste war mild. Ich dachte, ich könnte für immer hierbleiben. Der zweite war streng und zwischendurch war ich mir nicht sicher, ob ich das Frühjahr erleben würde.« Er schwieg einen Augenblick nachdenklich. »Aber es gibt ohnehin keinen anderen Platz für mich als diesen. Also ...«

»Wieso gibt es keinen anderen Platz für dich?«

In Keiras Gesicht erschien eine unendliche Traurigkeit. Dann zuckte er mit den Schultern. »Wie gesagt, meine Mutter war eine Aborigine. Mein Vater Weißer. Sie lebten zusammen im Dorf meines Vaters. Die Menschen begegneten meiner Mutter mit Misstrauen. Doch trotz allem war mein Vater ein angesehener Bürger der Gemeinde und die Feindschaft wurde nie öffentlich ausgetragen. Ich musste hin und wieder einige Hänseleien der anderen Jungen über mich ergehen lassen, aber das hat mich nie sonderlich berührt.«

Ray dachte an seine Begegnung mit den Aborigines und daran, wie unheimlich sie ihm erschienen waren. Er hatte sich vor ihnen mehr gefürchtet als vor den Pferdedieben. Und das ohne jeden ersichtlichen Grund. Jetzt schämte er sich dafür.

»Viele Weiße fürchten sich vor den Aborigines. Sie empfinden ihre Bräuche als seltsam und verstehen sie nicht.«

Keira sah ihn wieder so an, als wüsste er, was Ray dachte: dass er selbst zu diesen Weißen gehörte.

»Ich weiß«, sagte er schließlich. »Und so war es auch

in unserem Dorf. Als meine Mutter starb, kam niemand, um sie zu verabschieden. Vater und ich standen allein mit dem Reverend auf dem Friedhof.«

»Sie ist beerdigt worden?«

Keira nickte. »Sie hatte sich für meinen Vater entschieden. Sie hat mit ihm gelebt und sie hat seinen Glauben angenommen.« Er lächelte kurz. »So gut es ging, jedenfalls. In ihrem tiefsten Inneren war sie wohl bis zum Schluss eine Aborigine und sie hat mir abendelang Geschichten über unser Volk erzählt. Sie wollte, dass ich weiß, woher ich komme und meine Wurzeln kenne.«

Ray nickte. Das konnte er gut verstehen.

»Nach ihrem Tod war Vater nicht mehr derselbe. Und er merkte nichts davon, dass die Sticheleien der anderen gegen mich bedeutend schlimmer geworden waren, seit meine Mutter mich nicht mehr vor ihnen verteidigen konnte. Einmal liefen sie mir nach und bewarfen mich mit Steinen. Sie trafen mich überall. Am Rücken, an den Armen und Beinen und am Kopf. Es blutete und ich wehrte mich, so gut ich konnte, indem ich wilde Grimassen schnitt und unverständliche Laute ausstieß. Dann dachten die anderen nämlich, ich würde sie verfluchen oder sie mit irgendeinem Zauberbann belegen, und flohen.« Keira lachte. »Das hatte ich schon öfter gemacht und es funktionierte jedes Mal gut. Doch dieses Mal nicht. Sie bedrängten mich immer weiter und schließlich hielt ich es nicht mehr aus. Ich schnappte mir einen von ihnen, den Anführer, hielt ihn am Kragen fest und prophezeite ihm ein großes Unglück. Er nahm meine Worte für bare Münze. Ich weiß noch, wie blass er wurde und vor Angst nach Luft schnappte. Kaum hatte ich ihn losgelassen, rannte er davon. Die anderen folgten ihm.« Keira schüttelte den Kopf. »Keine acht Wochen später war er tot.«

»Tot?« Ray musterte Keira. »Also hast du tatsächlich etwas … gesehen?«

Keira musste lachen. »Nein, natürlich nicht! Es war ein dummer Zufall, nichts weiter. Er ist von einem Baum gefallen. Noch nicht einmal von weit oben, aber er ist wohl so unglücklich aufgekommen, dass er sofort das Bewusstsein verlor und nie wieder erwachte. Drei Tage und drei Nächte hat er danach noch gelebt.« Keira seufzte. »Ein Dutzend Männer standen anschließend mitten in der Nacht vor unserem Haus und forderten meinen Vater auf, seine Missgeburt in die Hölle zu schicken.«

»Missgeburt?«

»Sie meinten mich. Sie behaupteten, ich hätte das zweite Gesicht und wäre imstande, sie alle mit meinen Gesängen zu vernichten. Vater wurde böse und knallte ihnen die Tür vor der Nase zu. Erstaunlicherweise herrschte danach für einige Zeit Ruhe.« Keira schwieg einen Augenblick. »Bis Vater starb«, setzte er dann hinterher.

»Dein Vater starb?«

Keira nickte. »Nach Mutters Tod hatte er angefangen zu trinken. Und eines Morgens wachte er nicht mehr auf. Er lag auf seinem Bett, die Schuhe an den Füßen. Ich weiß noch, wie ich an seinen Schultern rüttelte und ihn anschrie, er solle endlich aufwachen.« Keira verstummte. »Aber er wachte nicht auf. Zwei Tage habe ich an seinem Bett gesessen und nachgedacht. Dann habe ich meine Sachen gepackt und bin bei Nacht und Nebel verschwunden.«

»Du hast ihn nicht beerdigt?«

Keira schüttelte stumm den Kopf. »Ich wusste, was die anderen mit mir machen würden, nachdem nun niemand mehr hinter mir stand.«

Eine Weile sagte keiner von ihnen ein Wort. Keira hing seinen Erinnerungen nach und Ray versuchte, das Gehörte in all seinen Einzelheiten zu erfassen und zu verstehen. Er wusste, was es bedeutete, Mutter und Vater zu verlieren. Und das allein war bei Weitem schon schlimm genug. Aber wie musste es erst sein, nach einem solchen Verlust aus der Gemeinschaft, in der man bis dahin gelebt hatte, ausgeschlossen zu werden, ja sogar um das eigene Leben fürchten zu müssen? Niemanden, keine Schwester, keinen Bruder, nicht einmal einen Freund an seiner Seite zu wissen?

»Die Narben ...« Ray deutete mit dem Kopf auf Keiras Oberkörper. »Sind die von ... ihnen?«

Jetzt lächelte Keira. »Nein«, antwortete er. »Bei den Aborigines gibt es einen Brauch. Mit 16 wird der Junge zum Mann. Das Kind wird der Mutter entrissen und an einen heiligen Ort geführt. Dort bemalt man sein Gesicht mit weißem Lehm zum Zeichen der Trauer. Denn der Junge muss sterben, damit der Mann geboren werden kann. In der Dämmerung muss er dann auf die Jagd gehen und den Alten seine Beute bringen. Dafür lernt er ihre geheimen Zeichen und erwirbt auf diese Weise Macht. Doch die Macht ist kostbar. Sie muss mit Schmerzen bezahlt werden. Mit einem Steinmesser werden in Brust, Bauch, Arme und Schultern Wunden geritzt. Jeweils zwei oder vier nebeneinander laufende Linien. Diese Narben zeigen an, dass man ein Mann ist.«

»Also bist du, nachdem du dein Dorf verlassen hattest, zur Familie deiner Mutter zurückgekehrt?«

Keira schüttelte den Kopf. »Dort hätte man mich genauso wenig gewollt. So wie ich für die Weißen ein Aborigine bin, so bin ich für das Volk meiner Mutter nur einer von diesen weißen Siedlern.«

In Rays Kopf überschlugen sich die Gedanken. »Aber wer hat dir dann die Narben zugefügt?«

Keira sah Ray geradeheraus an. »Das war ich selbst.«

»Du hast dir selbst mit einem Messer diese Wunden zugefügt?«

Keira nickte stumm.

Und Ray riss ungläubig die Augen auf. Vom ersten Moment an hatte er zu Keira Vertrauen gefasst. Er wusste nicht zu sagen, warum das so war. Vielleicht, weil Keira ihm das Leben gerettet hatte, vielleicht, weil sich ihre Schicksale ähnelten oder beide die gleiche Einsamkeit in sich spürten. Aber nun geriet Rays blindes Vertrauen in die Anständigkeit des anderen etwas ins Wanken. Er konnte nicht verstehen, wie jemand in der Lage dazu war, sich selbst auf eine solche Weise zu verletzen. Wozu war so jemand noch fähig?

»Auch wenn die Aborigines mich nicht als einen der Ihren ansehen«, erklärte Keira, »so wollte ich doch zeigen, dass ich zu ihnen gehöre. Auf jeden Fall mehr als zu den Menschen in meinem Dorf.«

»Und was haben die Aborigines gegen die weißen Siedler?« Ray wusste, dass das Zusammenleben mit den Ureinwohnern nicht immer einfach war. Vor allem, weil die Aborigines regelmäßig das Weidevieh der Bauern stahlen. Aber was störte sie an den Einwanderern, die das Land doch erst zu dem gemacht hatten, was es war?

Aber Keira zog überrascht die Augenbrauen hoch. Dann zuckten seine Mundwinkel. »Merkwürdig«, sagte er. »Für einen Augenblick hatte ich ganz vergessen, dass du selbst einer bist.«

»Dass ich selbst was bin?«

»Ein Weißer.« In Keiras Stimme schwang Verachtung mit.

»Und was ist daran so schlimm?« Ray fühlte fast so etwas wie Zorn in sich aufsteigen, als er Keiras Ablehnung spürte.

»Ja, hast du denn wirklich keine Ahnung, was die Weißen mit den Ureinwohnern gemacht haben?«

»Was haben sie denn getan? Sie helfen ihnen, Ackerbau zu betreiben und weisen ihnen Land zu, das sie bewirtschaften können.«

Keira stieß harsch die Luft aus. »Von wegen. Wir Aborigines haben seit Jahrtausenden in diesem Land gelebt. Lange, bevor ihr kamt, um eure Gefangenen hier abzuladen. Wir lebten als Jäger und Sammler, kamen mit dem aus, was die Erde uns gab. Jagten Kängurus, Wombats, Schlangen und Vögel, sammelten Nüsse, Obst und Beeren. Weißt du, wir Aborigines kennen keinen Besitz. Uns gehört nur das, was wir mit uns tragen. Und wir nehmen von dem Land nur das, was wir zum Leben brauchen, ohne es zu zerstören. Wir sind die Bewahrer des Landes, pflegen und hüten es. Aber dann kamen die Weißen. Sie brachten Krankheiten mit, die viele Aborigines das Leben kosteten. Sie töteten uns und beraubten uns unserer Rechte. Ihre Rinder und Schafe zerstörten unsere Wasserstellen und das Grasland. Sie machten das Land kaputt, das uns jahrtausendelang ernährt hatte ...«

»Und ihr stahlt ihnen das Vieh«, unterbrach Ray, der sich allmählich unwohl fühlte angesichts der Auflistung von bösen Taten, derer sein Volk hier beschuldigt wurde.

»Aus Sicht eines Aborigines gehört das Vieh niemandem. Eigentum kennen wir nicht.«

»Die Regierung hat den Aborigines doch Land zugewiesen, in dem sie unbehelligt nach ihren eigenen Regeln hätten leben können.«

Keira zog die Stirn in Falten. »Wer gibt ihnen das Recht, uns von unserem eigenen Land Stücke zuzuweisen?«

Ray schwieg.

»Und außerdem leben wir nicht an einer Stelle. Wir bauen unsere Hütten aus Zweigen und Gras und ziehen weiter, wenn es nötig ist. Auf diese Weise können sich das Land und der Tierbestand immer wieder erholen. Aber den weißen Siedlern gefiel unser Leben nicht. Sie töteten uns bei jeder Gelegenheit, die sich ihnen bot. Sie behaupteten, Aborigines seien in ihre Häuser eingedrungen und hätten sie geplündert. Sie zeigten ihnen ihre Überlegenheit und vergolten ihnen ihre Versuche, sich gegen die Entmündigung zu wehren, indem sie sie vergewaltigten, vertrieben, töteten.«

Ray schüttelte den Kopf. »Das ist doch so nicht wahr!«

»Ach nein? In Portland stritten Walfänger und eine Gruppe von Aborigines um einen gestrandeten Wal. 200 Aborigines starben. In Myall Creek wurden 28 Aborigines von Weißen getötet. Die Täter sprach man vor Gericht frei. Und in der Nähe von Wangaratta suchten weiße Siedler nach neuem Land. Dabei kampierten sie an einem Ort, dem *Kangaroo ground,* der für uns heilig ist. Wer aber einen heiligen Ort beschmutzt oder entehrt, wird nach unserem Brauch getötet. Die Aborigines haben also das Camp angegriffen, woraufhin die Weißen etwa 100 von ihnen kaltblütig ermordeten. Überall wurde mein Volk zurückgedrängt. Wir verloren unsere Fischerei-Gebiete, unsere heiligen Orte wurden zerstört und entehrt. Begehrten die Aborigines dagegen auf, wurden sie erschossen. Nicht einmal vor alten Männern, Frauen und Kindern machte man halt. Ganze Clans wurden auf diese Weise vernichtet.«

Ray stützte seinen Kopf in die Hände. Er wusste, dass Keira die Wahrheit sagte. Auch er hatte die Geschichten, die er hier erzählt bekam, schon gehört. Doch kannte er sie aus einer anderen Perspektive. In den ihm bekannten Versionen waren die Feindseligkeiten stets von den Aborigines ausgegangen und die Siedler hatten sich nur gegen die Angriffe gewehrt. Nichts war ihm davon zu Ohren gekommen, dass heilige Orte entehrt, Frauen vergewaltigt, Kinder getötet, Menschen von ihrem Land und ihren Nahrungsquellen vertrieben worden waren. Und nun musste er sich eingestehen, dass er sich nie Gedanken darüber gemacht hatte, warum die Aborigines die weißen Siedler angegriffen hatten. Ob sie vielleicht einen Grund gehabt hatten. Tief in seinem Inneren traf ihn schlagartig die Erkenntnis, dass alles, was Keira ihm erzählt hatte, stimmte. Denn nur so ergab alles einen Sinn. Es waren die Aborigines gewesen, die sich verteidigten. Und nicht die Siedler.

»Glaubst du immer noch, die Aborigines hätten keinen Grund, den Weißen zu misstrauen?«

Ray schwieg. Er schämte sich. Schämte sich, dass er alles, was er im Lauf seines Lebens über die Ureinwohner gehört hatte, ohne es zu hinterfragen für die Wahrheit gehalten hatte. Gerne hätte er Keira widersprochen. Hätte Gründe aufgeführt, die das Verhalten der Siedler rechtfertigte. Doch ihm fielen keine ein.

Keira begann nun, eine merkwürdige, wohltönende Melodie vor sich hin zu summen, und Ray spürte einen Teil seines Unwohlseins beim Klang des Liedes von ihm abfallen. Es war, als wollte Keira ihm zeigen, dass zwischen ihnen alles im Reinen war. Trotz der Schwierigkeiten zwischen ihren Völkern. Es gab nur sie beide sowie Archer und Yalla, die friedlich neben ihnen grasten und schliefen, das wärmende Feuer und die Ruhe und Abgeschiedenheit des Berges. Dann begann Keira mit merkwürdig veränderter Stimme zu sprechen: »Am Anfang war das Land. Dann kamen die Wesen der *Tjukurpa* und durchstreiften es. So führten sie die Welt ins Leben. Denn dort, wo sie entlangkamen, entstanden die Landschaften. Im Vorbeigehen warfen sie Berge auf, prägten Wasserlöcher, gruben Flüsse, ließen Felsbrocken fallen … Sie zeugten die Menschen und gaben ihnen Gesetze: Sie sollten das Land hüten und pflegen, es gebrauchen, ohne es zu zerstören.

Und wie die Wesen der *Tjukurpa* die Erde durchstreiften, so wandern auch die Aborigines durch das Land. Jagen und sammeln und stimmen durch ihren Gesang die Geister friedlich. Denn die Geister können die Erde schrumpfen lassen und Wege verkürzen. Lieder sind mächtig. Wer singt, handelt. Lieder können heilen, Regen bringen, Liebe erwecken, Feinde töten …«, er machte eine kurze Pause, »… und Freunde trösten.«

Ray spürte Tränen in sich aufsteigen, die er gewaltsam niederkämpfen musste. Tränen über sein eigenes Schicksal, Tränen über das Schicksal seines neu gewonnen Freundes, Tränen vor Sehnsucht nach Emily und Tränen der Reue über die Taten seines Volkes. Er schluckte einige Male und blickte in die andere Richtung, weg von Keira. Er wollte nicht, dass sein Freund ihn weinen sah.

Die Regenbogenschlange machte Gesetze ...
aber einige waren streitsüchtig und
wurden zu Unruhestiftern.
Oodgeroo

EINIGE Zeit später lagen Ray und Keira nebeneinander auf dem Rücken, die Arme hinter den Köpfen verschränkt, und blickten in den sternenklaren Nachthimmel. Yalla hatte sich dicht neben Keira zusammengerollt und träumte. Ihre Pfoten zuckten im Schlaf und ab und zu gab sie kurze helle Laute von sich.

Auch Archer hatte sich ganz in ihrer Nähe hingelegt, alle vier Beine von sich gestreckt und schnarchte leise. Ray lächelte zufrieden. Ebenso wie er schien Archer sich in der Gesellschaft von Keira und der Hündin wohlzufühlen. Er empfand Yallas Gegenwart offenbar nicht als Bedrohung, sondern als Unterstützung ihrer Herde, die sie stärker und damit sicherer machte. Im Lauf des Nachmittags hatten sich die beiden Tiere angefreundet. Ray hatte beobachtet, wie Yalla sich dicht vor Archer hinsetzte, dem Hengst den Rücken zugewandt, und sich von dem großen Pferd ausgiebig beschnuppern ließ. Der Dingo schien die sachten Berührungen regelrecht zu genießen und drehte sich hin und her, damit Archer ihn an allen Stellen mit seinen weichen Lippen abtasten konnte.

Auch Keira beobachtete das Treiben der beiden so unterschiedlichen Tiere und als sich Rays und Keiras Blicke trafen, brachen beide in Gelächter aus.

»Warst du schon einmal in Melbourne?«, wollte Keira jetzt wissen. Ray hatte ihm erzählt, was ihn und Archer hierher in die Berge geführt hatte: dass Archer ein gutes Rennpferd war und er ihn zu einem bedeutenden Rennen in die große Stadt brachte.

Ray schüttelte den Kopf. »Nein. Und du?«

»Ich auch nicht. Aber ich frage mich, wie es dort wohl ist …«

Ray erinnerte sich, was er über die Stadt an der Südküste gehört hatte. Etwa 140.000 Menschen sollten dort wohnen. Er konnte sich kaum vorstellen, allein zwischen so vielen fremden Menschen zu sein. Er drehte sich zur Seite um und sah Keira an. »Warum kommst du nicht einfach mit? Dann weißt du es.«

Doch Keira lachte nur und schüttelte den Kopf. »Nein«, antwortete er. »Ich gehöre hierher in die Berge.«

»Du kannst ja wieder zurückkehren!« Ray spürte mit einem Mal eine große Aufregung in sich. Er hielt es nicht mehr aus, länger auf dem Rücken zu liegen und richtete sich auf. Die Vorstellung, nicht alleine nach Melbourne zu müssen, sondern jemanden an seiner Seite zu wissen, auf den er sich verlassen konnte, gefiel ihm. »Hast du nicht gesagt, du willst Archer einmal rennen sehen?« Die Ohren des Hengstes zuckten im Schlaf, als er seinen Namen hörte. »Eine bessere Gelegenheit wirst du nicht bekommen!«

Jetzt richtete sich auch Keira auf. »Bis nach Melbourne sind es noch mindestens 350 Meilen. Ich habe kein Pferd. Wir müssten die ganze Strecke in Schrittgeschwindigkeit zurücklegen und wären eine ganze Woche unterwegs! Ach, was sage ich, eher zehn oder zwölf Tage!«

Ray wägte das Für und Wider gegeneinander ab. Keira hatte recht. Zu zweit würden sie langsamer vorankommen. Andererseits hätte er in Keira einen erfahrenen Führer durch die Berge, die ihm alleine allmählich unüberwindbar erschienen. Gemeinsam war es sicherlich einfacher, den richtigen Weg zu finden. Und bisher hatte er die meiste Zeit dadurch verloren, dass er sich verlaufen hatte.

»Wir können uns mit dem Reiten abwechseln«, fuhr Ray fort, »so kommen wir schneller voran.«

Keira lächelte. Ray konnte sehen, dass er sich über seinen Wunsch, ihn zu begleiten, freute. Und doch schüttelte Keira nach einer Weile erneut den Kopf. »Ich glaube, das ist keine gute Idee«, sagte er schließlich. »Ich gehöre hierher und nirgendwo anders hin.«

Ray schluckte seine Enttäuschung hinunter und nickte. »Dann werde ich mich morgen früh allein auf den Weg machen.«

»Wie geht es denn deinem Bein?«

Ray zog sein Hosenbein hoch und zeigte Keira die Stelle, an der die Spinne ihn gebissen hatte. Sie war immer noch rot und geschwollen. »Geht schon«, antwortete er ausweichend.

»Hast du noch Schmerzen?«

Ray zögerte mit der Antwort. Ja, er hatte noch Schmerzen, aber wenn er Keira die Wahrheit sagte – was würde der Freund dann tun? Würde er ihn daran hindern, seinen Weg fortzusetzen? »Nicht mehr viele«, antwortete er ausweichend.

Keira sah ihn mit hochgezogenen Augenbrauen an. »Weißt du«, sagte er, legte sich zurück auf den Boden und sah wieder in den Sternenhimmel über ihren Köpfen hinauf, »ich bin auch schon einmal von einer Trichterspinne gebissen worden. Damals musste ich über zwei Wochen im Bett liegen bleiben.«

»Und was wäre geschehen, wenn du aufgestanden wärst?«

Keira drehte den Kopf zur Seite und sah Ray ernst an. »Das Gift hätte sich durch die Bewegung weiter in meinem Körper ausgebreitet und die Wunde keine Zeit gehabt, sich zu erholen.« Er machte eine kurze Pause. »Ich habe einmal einen Mann gesehen, dessen Haut sich nach dem Biss einer Spinne stellenweise abgelöst hatte. Sein Fuß war schwarz angelaufen und man konnte bis auf die Knochen sehen. Du kannst mir glauben, das war kein schöner Anblick.«

Ray schüttelte sich vor Grauen. Wenn er sich vorstellte, dass ihm das passierte ... »Ich habe keine Wahl«, sagte er schließlich. »Das Rennen findet in 16 Tagen statt. Ich muss rechtzeitig in Melbourne sein, sonst ist der Spinnenbiss mein kleinstes Problem.«

Die Sonne war noch nicht aufgegangen, als Ray am nächsten Morgen die mit neuem Proviant gefüllten Taschen an Archers Sattel befestigte. Zwar war das Essen, das Keira für ihn eingepackt hatte, nicht ganz so abwechslungsreich wie das von Elisabeth, aber es würde ihn satt machen.

Keira beobachtete ihn mit sorgenvollem Gesicht und Ray musste ein Lachen unterdrücken, als er sah, dass der Dingo beinahe ebenso bekümmert aussah wie sein Herr. Das Lachen wurde ihm aber durch den steten pochenden Schmerz in seinem Bein vergällt und er wusste, dass es klüger gewesen wäre, auf Keira zu hören und sich noch einige Tage zu schonen. Doch das war leider nicht möglich. Wenigstens war die Entzündung in Archers Vorderlauf abgeklungen und er konnte ihn ohne schlechtes Gewissen reiten.

Ray überprüfte noch einmal den festen Sitz des Gurtes und wandte sich dann zu Keira um. Die Zeit des Abschieds war gekommen und Ray wurde merkwürdig schwer ums Herz. Er wusste nicht recht, was er sagen sollte. Der Gedanke, dass er Keira niemals wiedersehen würde, machte ihn traurig. Schlimmer noch, er konnte es sich gar nicht vorstellen!

»Tja«, sagte Ray unbeholfen und breitete die Arme aus.

Keira wirkte genauso unglücklich. Sie standen einander gegenüber und suchten verzweifelt nach den richtigen Worten oder Gesten. Schließlich klopfte Ray Keira sacht auf die Schulter und lächelte zaghaft.

Keira nickte. »Mach's gut«, sagte er, »und komm auf dem Rückweg vorbei und erzähl mir, wie's für Archer gelaufen ist.«

Ray lachte. »Vielleicht mach ich das wirklich.« Dann drehte er sich um und schwang sich auf Archers Rücken.

Yalla bellte und sprang vor Archer hin und her, während Ray mit der Zunge schnalzte, damit sich das Pferd in Bewegung setzte. Als würde Archer spüren, dass sein Reiter eigentlich nicht wirklich fortwollte – oder als wolle er selbst nicht – setzte der Hengst nur langsam einen Huf vor den anderen.

Ray wandte sich um und sah über die Schulter zurück zu Keira, der den Arm hob, um ihm zu winken. Ray winkte zurück.

Gerade wollte er Archer die Fersen in die Flanken stoßen, als er Keira plötzlich rufen hörte: »Ray, warte!« Ray zog an Archers Zügeln und das Pferd blieb augenblicklich stehen.

»Warte!«, rief Keira noch einmal und rannte auf ihn zu. Er hielt Archer am Halfter fest und lächelte zu Ray hinauf. »Ich hab's mir überlegt«, sagte er ein wenig atemlos, »ich komme doch mit.«

Es dauerte keine halbe Stunde, bis Keira seine Sachen gepackt hatte und zum Aufbruch bereit war. Ray lief neben seinem Freund her und führte Archer am Halfter, bis Keira ihn dazu drängte aufzusitzen, damit er sein schmerzendes Bein schonte.

»Ich habe schließlich nichts davon, neben dir herzulaufen, wenn du tot bist«, scherzte Keira. »Dann hätte ich auch zu Hause bleiben können. Das wäre genauso unterhaltsam.«

Ray lachte, doch zugleich fühlte er sich daran erinnert, dass in seinem Bein tatsächlich eine tödliche Gefahr schlummerte. Es widersprach jeglicher Vernunft, mit dem noch nicht ausgeheilten Spinnenbiss eine 350 Meilen lange Strecke zurückzulegen. Doch hatte Ray das Gefühl, keine Wahl zu haben.

Zunächst stieg der Weg weiter an. Tatsächlich waren die Snowy Mountains mehr als 7.000 Fuß hoch. Zwar mussten sie nicht die höchste Stelle überqueren und der Weg war gut begehbar, und doch wünschte sich Ray, sie hätten die Bergkette bereits hinter sich.

An manchen Stellen, die der Sonne schwer zugänglich waren, lag noch weißer, unberührter Schnee. An anderen spross bereits das erste grüne Gras. Die weitesten Strecken jedoch waren hartes, kaltes Felsgestein, auf dem Archers Hufe schwer Halt fanden.

Sie durchquerten ein Tal, das von einem lebhaft dahinplätschernden Fluss durchzogen wurde. Auf der Nordseite hielt sich hartnäckig der letzte Schnee des vergangenen Winters, doch auf der gegenüberliegenden Seite erstrahlte bereits alles in zartem Grün.

Ray saß auf Archer und Keira lief mit Yalla nebenher, als der dunkelhäutige Junge unvermittelt anhielt und Ray mit einer Geste zu verstehen gab, dass er ebenfalls stoppen sollte. Zunächst verstand Ray nicht, wieso der Freund ihn zum Anhalten aufgefordert hatte, doch dann sah er sie. Mit offenem Mund starrte Ray der Herde Wildpferde hinterher, die mit fliegenden Hufen durch das Flussbett preschte. Wasser spritzte in die Höhe und funkelte, vom Sonnenlicht beschienen, wie Diamanten. Auch Archer blickte seinen kräftigen kleinen Artgenossen neugierig hinterher. Seine Ohren zuckten, als müsse er an sich halten, um nicht mit ihnen davonzulaufen. Pferde in allen Farben, Schimmel, Füchse, Braune, Rappen und Falben stoben durch das Grasland, als wären sie vor irgendetwas auf der Flucht.

»Das sind Brumbys«, erklärte Keira.

Ray hatte bereits von den verwilderten Pferden in New South Wales gehört – aber er hatte noch keines von ihnen gesehen. Doch als er den Namen hörte, erinnerte er sich an die Geschichte von Sergeant James Brumby, einem der ersten Siedler Australiens, der vor etwa einem halben Jahrhundert nach Tasmanien ausgewandert war und seine Pferde einfach ihrem Schicksal überlassen hatte. Die Tiere waren verwildert und lebten nun frei im Gebiet der Snowy Mountains. Ray erinnerte sich auch daran, dass er von einigen Goldgräbern gehört hatte, die mit ihren Tieren dasselbe taten wie Brumby, wenn sie genügend Gold gefunden hatten und Australien den Rücken kehrten. Diese Pferde verhungerten entweder oder sie schlossen sich den bestehenden Herden an und hatten damit wenigstens eine Überlebenschance.

So schnell, wie sie gekommen waren, verschwanden die Wildpferde wieder und die anschließend eintretende Stille erschien Ray nun noch vollkommener.

»Seit 20.000 Jahren leben Aborigines im Gebiet rund um die Snowy Mountains«, erzählte Keira, während sie dem Flusslauf folgten. »Vor allem, wenn die Bogong-Falter sich im Raupenstadium befanden, kamen früher Tausende hier in die Berge. Sie sammelten die Raupen, rösteten sie in Asche oder Sand und verspeisten sie.«

Ray verzog angewidert das Gesicht. Er konnte sich nur schlecht vorstellen, eine geröstete Raupe zu essen. Und doch knurrte allmählich sein Magen. Seit dem Morgengrauen waren sie nun unterwegs und hatten bereits eine gute Wegstrecke hinter sich gebracht.

Keira schien seine Gedanken zu lesen, denn er sagte jetzt: »Vielleicht sollten wir eine kleine Rast einlegen. Archer braucht eine Pause, und wir auch.«

Ray nickte dankbar. Als er sich vom Sattel des Hengstes gleiten ließ und zum ersten Mal seit Stunden das verletzte Bein mit seinem Gewicht belastete, schoss ihm der Schmerz mit solcher Gewalt durch den Körper, dass er zusammenzuckte und leise aufstöhnte.

Keira musterte den Freund misstrauisch. Wortlos tauchte er ein Stück Stoff in die kalte Flut des Flusses und wickelte den Lappen anschließend um Rays Wade.

Ray genoss die Fürsorge und nahm dankbar das Stück trockenen, herben Gebäcks entgegen, das Keira aus der Satteltasche holte und ihm reichte.

»Schmeckt es?«, erkundigte sich Keira und biss ebenfalls herzhaft in ein Stück.

Ray nickte mit vollem Mund. »Schmeckt ein bisschen nach Nüssen und Mais.«

Keira lächelte. »Das ist der Geschmack der Bogong-Raupen.«

Ray verharrte mit dem Stück Kuchen in der Hand. »Willst du damit sagen, dass ...«

Keiras Lächeln wurde intensiver. »Ich habe die Raupen in heißer Asche geröstet und anschließend zerstampft. Aus dieser Paste kann man hervorragendes Gebäck machen, findest du nicht?«

Ray schluckte. Er hatte auf einmal gar keinen Hunger mehr.

Jetzt brach Keira in schallendes Gelächter aus. »Du kannst ruhig weiteressen«, sagte er schließlich. »Es ist noch nicht die Zeit der Bogong-Raupen. Dieser Kuchen besteht tatsächlich aus hellem Mehl und *Kindal Kindal*.«

Ray zog die Augenbrauen hoch und betrachtete argwöhnisch den Kuchen in seiner Hand. »Und was ist *Kindal Kindal?*« Vor seinem inneren Auge entstanden bereits Bilder von irgendwelchen ekelerregenden behaarten Insekten.

In Keiras Augenwinkeln glitzerte es verdächtig. Sein Körper schüttelte sich vor Lachen. Er hatte eine diebische Freude an Rays Entsetzen über die Nahrungsgewohnheiten der Aborigines. »Sag bloß, du kennst keine Macadamianüsse?«

Ray stieß erleichtert die Luft aus. »Doch, natürlich kenne ich Macadamianüsse«, sagte er und biss erleichtert in sein Backwerk.

Allmählich führte der Weg bergab. Die letzten Schneereste verschwanden und die Luft wurde wärmer. Die Landschaft veränderte sich. An die Stelle des steinigen Bodens trat Grasland und in der Ferne konnte Ray von Archers Rücken aus eine kleine Ansiedlung erkennen. Als er Keira darauf aufmerksam machte, nickte sein Freund nur stumm.

Ray warf Keira einen musternden Blick zu. Irgendetwas an der Reaktion des anderen machte ihn stutzig. »Die Sonne wird bald untergehen. Vielleicht können wir dort eine Unterkunft für die Nacht finden?«, schlug Ray vor.

Keira antwortete nicht.

»Keira?«

Keira schwieg.

Ray wunderte sich. Zum ersten Mal, seit sie einander begegnet waren, spürte er Misstrauen in sich aufsteigen. Warum reagierte Keira so abweisend? Welche Gedanken plagten ihn und hielten ihn davon ab, mit Ray zu sprechen? Bislang hatten sie sich gegenseitig alles anvertraut. Ray hatte das Gefühl, Keira schon ewig zu kennen. Bis ins kleinste Detail hatten sie sich ihre Kindheitsgeschichten erzählt. Und nun weigerte sich Keira mit einem Mal, auf eine einfache Frage zu antworten!

Eine Meile, bevor sie die Ansammlung der vielleicht drei Dutzend einfacher Häuser erreichten, hielt Keira plötzlich an. »Wir warten hier«, erklärte er und befreite Archer bereits von den Satteltaschen, ehe Ray auch nur Gelegenheit gehabt hatte, etwas zu erwidern, geschweige denn vom Rücken des Pferdes zu springen.

Ray wunderte sich über Keira. Er hatte ihn bislang als äußerst freundlich erlebt. Stets war er bemüht, ihm alles recht zu machen. Und nun benahm er sich wie ein herrischer Despot. Hatte er sich tatsächlich so in seinem neuen Freund getäuscht? Oder war er von ihm getäuscht worden? Wer war Keira? Und was führte er im Schilde?

»Worauf warten wir?«, fragte Ray, während er sich aus dem Sattel gleiten ließ und den dabei erneut aufflammenden Schmerz in seinem Bein unterdrückte. »Wieso reiten wir nicht einfach in das Dorf hinunter und bitten jemanden um eine warme Mahlzeit und einen Platz für die Nacht? Wir können ja unsere Dienste als Gegenleistung anbieten. Ein bisschen Holz hacken, einen Stall ausmisten, etwas reparieren ...« Ray dachte an die dünne Elisabeth, die ihm schließlich sogar dankbar für seine Mühe gewesen war.

Doch Keira antwortete immer noch nicht. Stattdessen holte er einen Wasserbeutel aus der Satteltasche und goss etwas von der darin enthaltenen Flüssigkeit in einen einfachen Holzbecher. »Hier«, sagte er und reichte Ray das Gefäß. »Trink das. Es hilft deinem Körper zu entgiften. Leider können wir kein Feuer machen, um es zu erwärmen. Du musst es also kalt trinken.«

Ray schüttelte den Kopf. Auf einmal war er sich nicht mehr sicher, was man ihm da zu trinken geben wollte. Woher sollte er wissen, dass Keira nicht die Absicht hatte, ihn zu vergiften? Vielleicht hatte er es ebenso wie die Pferdediebe auf Archer abgesehen und stellte es nur etwas geschickter an?

Keira schien Rays plötzliches Misstrauen zu bemerken und ließ den Becher sinken. »Ich hätte dich nicht begleiten dürfen«, sagte er resigniert. »Es war ein Fehler. Ohne mich wärst du besser dran.«

Jetzt tat der neue Freund Ray mit einem Mal wieder leid. Wie konnte er nur glauben, dass Keira ihm schaden wollte? Er hatte ihn aus der Höhle gerettet und gesund gepflegt. Wenn er es tatsächlich auf das Pferd abgesehen hatte, so hätte er es leicht an sich nehmen und Ray seinem Schicksal überlassen können. Ray griff nach dem Becher und trank ihn in einem Zug aus. Es schmeckte bitter, aber er erkannte den Geschmack wieder. Keira hatte ihm bereits mehrfach diesen Kräutersud verabreicht.

Keira lächelte zaghaft, als Ray ihm den Becher zurückgab.

»Worauf warten wir?«, wiederholte Ray seine Frage.

Keira wandte sich ab, sodass Ray sein Gesicht nicht sehen konnte, als er antwortete: »Wir warten, bis es dunkel ist. Eins der Häuser dort unten steht leer. Dort können wir die Nacht verbringen und vor Morgengrauen weiterreiten.«

»Aber wieso müssen wir uns verstecken?«

Keira hob den Kopf und schaute Ray jetzt direkt in die Augen. »Die Menschen dort unten werden nicht erfreut sein, wenn sie mich sehen.«

Ray ließ den Blick über die Häuser schweifen, die sich ein wenig unterhalb ihrer Position befanden, und schlagartig begriff er.

»Es ist das Dorf deines Vaters!«, rief er, als die Erkenntnis ihn wie ein Blitzschlag traf. »Es ist das Dorf, aus dem du vertrieben wurdest!«

Keira wandte den Kopf ab. In seinen Augenwinkeln schimmerte es verdächtig.

Ray tat so, als hätte er nichts bemerkt. »Und du glaubst, das Haus deines Vaters steht noch leer?«

Keira nickte. »Ich bin mir ziemlich sicher. Niemand wird in dem dreckigen Haus der Aboriginefamilie wohnen wollen. Hinter dem Haus ist sogar ein kleiner Stall. Dort können wir Archer verstecken.«

»Also gut.« Ray war erleichtert, nachdem er jetzt das merkwürdige Verhalten seines Freundes verstehen konnte. »Wir machen es so, wie du es sagst. Und Keira …« Er grinste, als Keira ihn erwartungsvoll ansah. »Es ist gut, dass du mich begleitest. Ohne dich hätte ich den Weg aus den Bergen heraus niemals so schnell gefunden.«

Keira lächelte dankbar.

Es wurde zunehmend kälter. Keira schlotterten die Knie und Ray klapperte mit den Zähnen. Und doch durften sie kein Feuer machen, das in dieser Landschaft gut sichtbar gewesen wäre und sie verraten hätte.

»Wie lange noch?«, erkundigte sich Ray. Er blickte nach oben in den klaren Nachthimmel, wo die Sterne leuchteten.

»Lass uns zusammenpacken. Dann können wir aufbrechen. In etwa einer halben Stunde sollte im Dorf Ruhe eingekehrt sein.«

Ray zögerte nicht und sprang auf die Füße. Ein Übermut, den er augenblicklich bereute, als der Schmerz wie ein Messerstich durch sein Bein fuhr.

In der Dunkelheit suchten sie ihre Sachen zusammen, verstauten sie in den Taschen und sattelten Archer. Sie mussten jeden Schritt mit Bedacht setzen, um sich nicht durch knackende Äste zu verraten, die in der Stille der Nacht weithin hörbar gewesen wären. Keira ließ Yalla dicht neben sich hergehen und Ray führte Archer am Halfter. So dauerte es eine Weile, bis sie die Ansiedlung schließlich erreichten. Tatsächlich lag das Dorf jetzt wie ausgestorben vor ihnen. Keira bedeutete Ray leise zu sein, indem er einen Zeigefinger auf seine Lippen legte, und Ray nickte zum Zeichen, dass er verstanden hatte.

Das Haus von Keiras Eltern lag am Ortsrand. Es sah verlassen aus und Ray gab Keira im Stillen recht. Niemand schien von dem Haus Besitz genommen zu haben. Hoch wucherndes Unkraut und eine zerbrochene Fensterscheibe zeigten deutlich, dass hier schon längere Zeit niemand mehr für Ordnung sorgte.

Ray brachte Archer in den Stall hinter dem Haus, den Keira ihm zeigte, und wartete anschließend im Schutz der Hauswand, während Keira auf die Rückseite des Hauses schlich. Er wusste, dass er das Küchenfenster von außen aufstoßen konnte. Das hatte er auch früher bereits hin und wieder getan.

Keira spürte sein Herz heftig schlagen, als er jetzt durch die Fensteröffnung kroch. Das Bild seines tot im Bett liegenden Vaters wurde auf einmal wieder sehr lebendig. Natürlich war er immer davon ausgegangen, dass man seinen Vater beerdigt hatte, nachdem er das Dorf bei Nacht und Nebel verlassen hatte. Aber was sollte er tun, wenn man den Leichnam einfach sich selbst überlassen hatte? Wenn die sterblichen Überreste seines Vaters immer noch in diesem Haus lagen? Mittlerweile verwest und bis auf die Knochen aufgelöst?

Im Haus roch es muffig. Keira tastete sich zur Hintertür, ohne ein Licht zu entzünden, das ihn verraten hätte, und öffnete Ray.

Ray ahnte, wie Keira sich fühlen musste. Er selbst hätte das Haus seiner Familie nur mit Schwierigkeiten wieder betreten können. Zu intensiv waren die Erinnerungen an den plötzlichen und unerwarteten Tod des Vaters und die Trennung von Emily. Und er war seinem Freund dankbar, dass er diese Herausforderung seinetwegen auf sich nahm.

Sie machten kein Licht. Aber auch in dem Halbdunkel konnte Ray das schmale Bett erkennen, das an der hinteren Wand des Raumes stand, aber nur noch drei Beine hatte. Das vierte lag abgebrochen auf dem Fußboden. Sicher war dies früher Keiras Schlafstätte gewesen, nun aber war sie unbrauchbar.

Wortlos reichte Keira Ray eine alte, mottenzerfressene Decke und sie streckten sich nebeneinander in dem Bett aus, auf dem Keira vor nicht allzu langer Zeit die Leiche seines Vaters gefunden hatte. Yalla rollte sich vor dem Bett zusammen.

»Möchtest du nicht das Grab deines Vaters besuchen?«, fragte Ray leise, nachdem sie eine Weile schweigend nebeneinandergelegen hatten und jeder seinen eigenen Gedanken nachgehangen hatte.

»Eines Tages …«, antwortete Keira. »Eines Tages werde ich das tun.«

Ray erwachte von Archers aufgeregtem Wiehern. Zuerst dachte er, sie hätten verschlafen und es wäre das helle Licht des Tages, das seine Augen traf. Erst als er die unnatürliche Wärme spürte und den Rauch in seinen Lungen wahrnahm, wurde ihm klar, was geschehen war. Das Haus brannte lichterloh.

»Keira!«, schrie Ray aufgeregt und rüttelte an den Schultern seines Freundes, »Keira, wach auf! Es brennt!«

Keira öffnete schlaftrunken ein Auge. Doch sobald auch er das flackernde Licht sah, sprang er auf. »Schnell!«, rief er. »Wir müssen hier raus!«

Sie stolperten durch die Hintertür des Hauses.

Es war gespenstisch. Die Männer des Dorfes hatten sich rund um das Haus versammelt. Einige hatten die Arme vor der Brust verschränkt, andere hielten schwere Holzknüppel in den Händen, bereit, damit zuzuschlagen. Einer hatte sogar eine Flinte dabei. Doch keiner von ihnen rührte sich, als Ray und Keira an ihnen vorbei zum Stall stolperten und Archer befreiten, der immer noch wieherte und aufgeregt auf die Hinterläufe stieg. Sie sahen den beiden jungen Männern, die sie soeben in tödliche Gefahr gebracht hatten, mit grimmigen Mienen hinterher, ohne ein Wort zu sagen.

Ray griff nach Archers Halfter und Keira schnappte sich Sattel und Satteltaschen und sie liefen zurück durch das schmale Spalier der hasserfüllten Gesichter.

Rays Herz schlug bis zum Hals. Jeden Augenblick rechnete er damit, dass die Männer sie angreifen würden. Doch nichts dergleichen geschah.

Plötzlich blieb Keira ruckartig stehen. »Yalla!«, rief er. »Yalla, wo bist du?« Panik verzerrte sein Gesicht. War Yalla noch im Haus? Er drehte sich schon um, bereit zurückzukehren, um den Dingo zu holen – auch wenn er sich dafür mit dem guten Dutzend Männer prügeln musste –, als Yalla winselnd und mit eingekniffenem Schwanz auf sie zuschoss. Sie knurrte die Männer drohend an, doch ihre Körperhaltung verriet, dass sie genauso von Angst erfüllt war wie Keira und Ray. Sie jaulte auf, als einer der Männer nach ihr trat und sie hart an der Seite traf.

»Lass dich hier nie wieder blicken!«, schrie der Mann, der Yalla getreten hatte, Keira hinterher. »Das nächste Mal lassen wir dich nicht unbehelligt ziehen! Hast du verstanden?«

»Das war die letzte Warnung!«, schrie nun auch einer der anderen und wie auf ein geheimes Kommando reckten alle wütend die Fäuste in die Luft.

Ray schüttelte fassungslos den Kopf. Er spürte kalte Wut in sich aufsteigen und am liebsten hätte er sich umgedreht und diesen Feiglingen die Meinung gesagt: dass sie dumm wie Stroh waren und Keira froh sein konnte, nicht mehr unter ihnen leben zu müssen. Doch er spürte

Keiras Hand auf seiner Schulter und als er seinen Freund anblickte, lächelte der nur traurig, während jetzt doch Tränen der Ohnmacht über seine Wangen liefen.

»Lass gut sein, Ray«, sagte Keira leise. »Sie sind es nicht wert.«

Ray schnaubte. Doch nach einer Weile nickte er zustimmend. »Du hast absolut recht«, antwortete er. »Sie sind es nicht wert.«

Und damit zogen sie in die kalte, dunkle Nacht hinaus, während hinter ihnen Keiras Elternhaus von den Flammen verzehrt wurde.

Die Regenbogenschlange schalt sie und sagte:
»Diejenigen, die meine Gesetze einhalten, will ich belohnen.
Ich werde ihnen die menschliche Form geben …
Diejenigen aber, die mein Gesetz brechen …
sollen zu Stein werden …«
Oodgeroo

KEIRA war sehr schweigsam und Ray brachte weder den Mut auf ihn anzusprechen, noch hätte er gewusst, was er sagen sollte. Die Aggression, mit der die Männer des Dorfes Keira entgegengetreten waren, hatte ihn erschreckt und verstört. Vielleicht gab es etwas, das Keira ihm verschwiegen hatte und das die Angriffslust der Männer erklärte. Doch nach der Zeit, die Ray mit Keira verbracht und in der er ihn kennengelernt hatte, konnte er sich kaum vorstellen, dass sein Freund eine so dunkle Seite an sich hatte, die ein derartiges Verhalten rechtfertigte.

»Hier ist ein guter Platz zum Rasten«, brach Keira schließlich das Schweigen, als sie einen Hain erreichten, der ihnen ein wenig Schutz vor Wind und Kälte bot.

Ray fühlte sich so erschöpft, dass er sich augenblicklich auf dem Boden niederließ. Er hätte sich auch auf den flachen Boden mitten in der Steppe hingelegt, denn der Spinnenbiss schmerzte mittlerweile wieder so stark, dass er humpelte. Und als er jetzt sein Hosenbein aufkrempelte, war er nicht überrascht, als er sah, dass die Wade wieder stärker angeschwollen war.

Keira wandte ihm den Rücken zu und befreite Archer von Sattel und Satteltaschen. Auch Yalla hatte sich bereits hingelegt, ließ ihren Herrn aber nicht eine Sekunde aus den Augen. Die Hündin spürte Keiras Traurigkeit.

»Es tut mir leid.« Endlich brachte Ray den Mut auf, Keira anzusprechen. »Das alles muss schrecklich für dich sein.«

Keira zuckte mit den Schultern. »Ich weiß nicht, woher das Misstrauen kommt, dass ihr weißen Siedler uns Aborigines entgegenbringt«, sagte er traurig. »Wenn du mich fragst, hätten die Ureinwohner sehr viel mehr Grund dazu, euch zu misstrauen.«

Ray antwortete nicht. Was sollte er auch dazu sagen? Er musste sich eingestehen, dass Keira recht hatte und er sich den Vorwurf gefallen lassen musste. »Wir sollten uns jetzt ausruhen«, sagte er schließlich. »Auch morgen liegt wieder ein weiter Weg vor uns.«

In dieser Nacht bekam Ray Besuch von seinem Vater. Zumindest empfand er es so. Denn im Schlaf wusste er, dass er träumte. Und er wusste, dass sein Vater tot war. Und doch war es so, als wäre er bei ihm und würde mit ihm sprechen. Als käme er zu Besuch aus einer anderen Welt. »Es geht mir gut«, sagte er zu Ray. »Mach dir keine Sorgen. Und vertraue deinem Gefühl. Es wird dir den richtigen Weg zeigen.«

Als Ray von den ersten Sonnenstrahlen geweckt wurde, fühlte er sich auf merkwürdige Weise getröstet. Als hätte er tatsächlich Zuspruch von seinem Vater erhalten. Und als wäre er eine Last losgeworden: Die Last, sich um seinen toten Vater zu sorgen.

»Ich hatte einen sonderbaren Traum«, erzählte Ray Keira, während sie sich am Feuer wärmten und die letzten Reste ihres Proviants verzehrten. Er berichtete dem Freund von den Worten des Vaters.

Keira lächelte, als Ray geendet hatte. »Für uns Aborigines wäre dieser Traum etwas ganz Normales«, sagte er. »Für uns bedeutet der Tod nicht das Ende, sondern den Übergang in eine andere Welt. Er ist Teil des Kreislaufs von Schöpfung und Zerstörung. Nach dem Tod ist der Geist in einem Zwiespalt. Er möchte einerseits die Nähe zu den geliebten Menschen nicht aufgeben, andererseits jedoch ins Reich der Toten zurückkehren. Deswegen suchen die Geister, kurz nachdem sie gestorben sind, ihre Verwandten im Traum auf, um ihnen Mitteilungen zu machen. Oft sind es persönliche Nachrichten wie die, die dein Vater dir überbracht hat.«

»Hat dein Vater dich auch schon einmal besucht? Nach seinem Tod, meine ich?«

Keira schüttelte den Kopf und Ray konnte sehen, dass er traurig war. »Nein, bis jetzt noch nicht. Ich wäre froh, wenn er es tun würde.«

Ray nickte, denn er verstand, was Keira meinte, ohne dass der andere es aussprechen musste. Keira wartete darauf, dass sein Vater ihm zu verstehen gab, dass er richtig gehandelt hatte, als er ihn tot auf dem Bett zurückließ, weil er um sein eigenes Wohlergehen fürchtete. Er sehnte sich nach genau der Erleichterung, die Ray im Augenblick empfand. Die Versicherung, dass alles gut so war, wie es war.

»Bei den Aborigines gibt es eine Legende über den Tod. Meine Mutter hat sie mir einmal erzählt, als sie noch lebte«, fuhr Keira fort. »Die Legende handelt von Purukupali und seiner Frau Birma. Die beiden hatten einen kleinen Sohn, den sie Djinini nannten. Beide waren sehr besorgt um Djinini und beobachteten und beschützten ihn ohne Unterlass.

Doch eines Tages, während Purukupali auf der Jagd war, bekam seine Frau Birma Besuch von einem Mann namens Japara.

Japara überredete Birma, ihren Sohn schlafend im Schatten eines Baumes allein zu lassen, um mit ihm in den Busch zu gehen.

Birma folgte Japara und vergaß ganz, auf die Zeit zu achten. Als sie zurückkam, war die Sonne weitergewandert und der Schatten des Baumes, unter dem Djinini gelegen hatte, war mit ihr gezogen. Das Kind lag in der heißen Sonne. Es war tot.

Als Purukupali von der Jagd zurückkehrte und seinen toten Sohn fand, war seine Trauer grenzenlos. In seiner Wut auf Birma, die Djinini allein gelassen hatte, schlug er wieder und wieder mit seinem Wurfstock auf sie ein. Aus Angst um ihr eigenes Leben floh Birma vor ihrem Mann in den Wald.

Als Japara sah, was er angerichtet hatte, erbot er sich, Djinini wieder zum Leben zu erwecken. Dafür sollte man ihm den Leichnam des Kindes für dreißig Tage überlassen. Doch der vor Wut und Trauer blinde und taube Purukupali hatte nur Rache im Sinn. Er stürzte sich auf Japara, ohne auf dessen Worte zu achten. Die beiden Männer kämpften um Leben und Tod miteinander und fielen letztlich beide vor Erschöpfung zu Boden.

Purukupali erhob sich als Erster wieder. Er nahm seinen toten Sohn in die Arme und ging mit ihm rückwärts, Birma und Japara nicht aus den Augen lassend, ins Meer. Dabei verfluchte er alle Lebewesen dieser Erde, die von nun an, wie sein Sohn, das Schicksal des Todes erleiden sollten. Dann verschwand er, mit Djinini im Arm, im Meer.

Und so wurden die Lebewesen sterblich. Auch Japara starb nach Purukupalis Fluch. Er stieg zum Himmel auf und wurde der Mond. An klaren Nächten kann man die vielen Wunden, die Purukupali ihm im Kampf zugefügt hat, an den schwarzen Flecken sehen. Doch jeweils nach dreißig Tagen kehrt er wieder ins Leben zurück und beginnt aufs Neue seine Wanderung am Himmel.

Birma, die untreue Ehefrau, verwandelte sich in einen Zwergbrachvogel. Jede Nacht wandert sie durch die Wälder und ihre Klagelaute hallen weithin durch die Gegend. Sie beweint ihr Versagen, den Tod ihres Sohnes und die schwere Last ihrer Schuld.«

Keira verstummte und Ray war noch so gefangen von der Erzählung, dass er ebenfalls schwieg.

»Selbst der Tod hat irgendwann einmal angefangen zu existieren«, fuhr Keira nach einer Weile fort. »Er bedeutet zwar das Ende eines bestimmten Lebens, doch ist er letztlich nur ein Ende von vielen. Denn der Geist kehrt entweder ins Reich der Toten zurück oder er sucht den Weg in ein neues irdisches Leben. Und so wohnt jedem Ende auch ein Anfang inne.«

Nachdem sie die Bergregion hinter sich gelassen hatten, kamen sie gut voran. Sie benötigten nicht viel, denn Keira verstand sich darauf, essbare Wurzeln zu finden und sie zuzubereiten. Er wusste, wo man Wasserstellen fand, und er war ein geschickter Jäger. Außerdem bereitete er Ray in regelmäßigen Abständen den Kräutersud zu, der das Spinnengift aus seinem Körper schwemmen sollte, und allmählich begann die Behandlung Wirkung zu zeigen.

Archer fand ausreichend Gras und von den wenigen Ersparnissen, die Keira besaß und die sie mitgenommen hatten, konnten sie hin und wieder Hafer für das Pferd kaufen. Der Hengst war in einer ausreichend guten Verfassung – auch wenn Ray zugeben musste, dass er seit dem Beginn ihrer Reise deutlich dünner geworden war. Ebenso wie er selbst.

»Woher hast du das Geld eigentlich?«, fragte Ray Keira einmal, als sie soeben wieder bei einem Bauern Getreide für das Pferd erstanden hatten.

Keira sah Ray von der Seite an. »Wieso willst du das wissen?«

Ray spürte, dass Keira dachte, er würde ihm erneut misstrauen. Als glaubte er, Keira sei womöglich ein Dieb. Und er fühlte sich ein wenig enttäuscht. Er hatte in seinem Leben, abgesehen von seinen Eltern und Emily, keinen aufrichtigeren Menschen als Keira kennengelernt. Ihre Freundschaft hatte, seit sie gemeinsam unterwegs waren, tatsächlich einige Prüfungen überstehen müssen. Aber letzten Endes war sie dadurch nur noch intensiver geworden.

Ray war jeden Tag mindestens einmal dankbar dafür, dass Keira sich schließlich doch noch dazu entschlossen hatte, ihn zu begleiten. Sei es, weil er fürchtete, dass er die Einsamkeit nicht ertragen hätte, weil Keira mit Leichtigkeit den Weg fand oder weil er ihnen etwas Essbares zu besorgen wusste. Jetzt schien es an der Zeit, ihm das einmal zu sagen.

»Ich bin froh, dass der Zufall uns zusammengeführt hat«, begann Ray. »Und ich bin dankbar dafür, dass ich dich zum Freund habe.«

Augenblicklich verschwand die Anspannung aus Keiras Gesicht und er lächelte. »Weißt du, was die *Nangkaris*, die Medizinmänner der Aborigines, sagen?«

Ray schüttelte den Kopf.

»Sie sagen, all deine Gedanken sind reine Energie. Wenn du diese Energie bewusst einsetzt, um dein Leben zu steuern, so wirst du selbst entscheiden, was als Nächstes geschieht.«

»Das heißt«, sagte Ray, »wenn ich gut über eine Sache denke, dann wird sie auch gut ausgehen, und wenn ich

Schlechtes denke, dann enden meine Unternehmungen schlecht?«

Keira nickte. »So ungefähr, ja.«

Ray schwieg, während er nachdachte. Was wollte Keira ihm damit sagen? Dass er nicht an Zufälle glaubte? Dass er mit seinen Gedanken über Freundschaft ihn, Keira, herbeigeredet hatte? Und wenn das stimmte, konnte er dann auch einen guten Ausgang ihrer Reise herbeireden? Musste er nur fest genug daran glauben, dass alles gut enden würde?

»Bevor ich damals im Schutz der Nacht aus meinem Dorf verschwand, habe ich die letzten Ersparnisse meines Vaters mitgenommen«, antwortete Keira plötzlich auf Rays Frage, die der schon fast vergessen hatte. »Bei meinem Leben in den Bergen habe ich nichts davon verbraucht. Alles, was ich benötigte, gab mir die Natur.« Keira schwieg einen Moment und sah Ray an. »Ich habe schon geglaubt, ich würde das Geld niemals brauchen. Aber jetzt weiß ich es besser. Es ist dafür da, einem Freund zu helfen.«

Die Gegenden, die sie in den kommenden Tagen durchstreiften, waren oft nahezu menschenleer. Meistens trafen sie niemanden und blieben unter sich. Und nach ihrer letzten Begegnung mit den Männern aus Keiras Heimatdorf waren beide darüber nicht unglücklich.

Selten ritten sie durch eine Ansiedlung, aber fast jedes Mal wurden sie dabei argwöhnisch beobachtet. Hin und wieder hatten sie sogar das Gefühl, dass die Menschen sich in ihren Häusern versteckten, wenn sie sie näher kommen sahen, und verstohlen hinter ihren Gardinen hervorlugten, bis sie wieder verschwunden waren.

Der Weg zog sich immer mehr in die Länge und Ray sehnte sein Ende mittlerweile herbei, obwohl er am Anfang geglaubt hatte, es könnte immer so weitergehen. Ray, Archer, Keira und Yalla waren ein eingespieltes Team geworden. Doch auch Archer war mittlerweile am Ende seiner Kräfte angelangt. Und das machte Ray noch mehr Sorgen.

Schließlich wurden die Orte größer und mehr Menschen begegneten ihnen auf den staubigen Straßen. Doch an dem Argwohn, der ihnen entgegenschlug, änderte sich nichts. Im Gegenteil. Er wurde beinahe noch schlimmer.

Als sie an einem Wirtshaus vorbeikamen, band Ray Archer davor an und Keira befahl Yalla, auf sie zu warten. Gemeinsam betraten sie den Schankraum. Am Tresen saßen nur zwei Männer und der Wirt polierte mit einem schmutzigen Tuch ein Glas, das dadurch nicht im Geringsten sauberer wurde.

Ray und Keira stellten sich an die Theke und warteten darauf, dass sich der Wirt ihnen zuwandte, um nach ihren Wünschen zu fragen.

Doch nichts geschah.

»Entschuldigen Sie, Sir«, sprach Ray den Mann schließlich an.

Doch der reagierte nicht.

»Könnten wir bitte etwas zu trinken bestellen?«

»Ich glaub', ich hör 'nen Floh husten«, sagte der Wirt jetzt, ohne Ray oder Keira anzublicken. »Hat einer von euch Flöhe? John? Ed?«

John und Ed, die beiden anderen Männer am Tresen, schauten sich an. »Ich nicht«, erwiderte der eine. »Du, Ed?«

»Nicht dass ich wüsste.«

»Warte mal«, sagte John und tat so, als würde er etwas aus Eds Haaren klauben. »Da haben wir ihn ja!« Und er rieb Daumen und Zeigefinger aneinander, als würde er einen Floh zerquetschen, warf dann in einer übertriebenen Geste das eingebildete Tierchen auf den Boden und zerstampfte es mit seinem Fuß. »So, das hätten wir«, sagte er schließlich.

Ray spürte, dass er vor Wut rot anlief. Er öffnete bereits den Mund, um den Männern die Meinung zu sagen, als er Keiras Hand auf seiner Schulter fühlte.

»Komm, Ray«, sagte Keira. »Lass uns gehen.«

Ray zögerte. Dann wandte er sich zu seinem Freund um. »Okay, das ist wohl das Beste. In dieser Bar ist nicht nur das Bier schal.«

»Wenn nichts dazwischenkommt, werden wir morgen Melbourne erreichen«, sagte Keira abends zu Ray, während sie sich an einem kleinen Feuer wärmten, das sie neben einem Bachlauf entzündet hatten.

Yalla lag ganz in ihrer Nähe und kaute genüsslich auf den Fischgräten herum, die von ihrem Abendmahl übrig geblieben waren, während Archer zufrieden graste.

»Jetzt schon?« Ray sah überrascht auf. Er hatte geglaubt, nichts könnte ihn glücklicher machen als die Nachricht, das Ende ihrer Reise stünde bevor. Doch jetzt merkte er, dass das gar nicht stimmte. Er fürchtete sich davor, Melbourne zu erreichen, weil er nicht wusste, was ihn dort erwartete. Er hatte Angst vor den vielen Menschen und konnte sich nach den Tagen der Zweisamkeit mit Keira gar nicht mehr vorstellen, wie es anders sein würde.

Doch Keira nickte, den Kopf über die Karte gebeugt, die er auf seinen Knien ausgebreitet hatte. »Sieh mal«, sagte er, »hier sind wir.« Er deutete auf einen Punkt. »Und hier ist Melbourne. Nicht mehr als 25 Meilen, schätze ich. Morgen Nachmittag werden wir da sein.« Er sah Ray mit einem erwartungsvollen Lächeln an. Als er jedoch Rays sorgenvollen Blick bemerkte, verschwand das Lächeln von seinen Lippen. »Was ist los, mein Freund? Was bekümmert dich?«

Ray suchte nach den passenden Worten, fand sie aber nicht. Wie sollte er Keira begreiflich machen, wovor er sich fürchtete, wenn er es selbst nicht genau wusste?

Keira überraschte ihn ein weiteres Mal, als er sagte: »Ich habe dir doch gesagt, was die *Nangkaris* über die Kraft der Gedanken sagen, oder?«

Ray nickte, während er sich an ihr Gespräch erinnerte, in dem Keira ihm erklärt hatte, dass gute Gedanken Gutes bewirken können und schlechte Gedanken Schlechtes. Sollte er sich die Ankunft in Melbourne etwa schönreden?

»Bei den Aborigines haben die *Nangkaris* große Macht. So ist es ihnen zum Beispiel möglich, Tiere zu verstehen und mit ihnen zu reden. Nur dem Wissen dieser weisen Männer verdanken die Aborigines, dass sie so viele Jahrtausende die Härte des Outbacks überlebten.«

Ray wartete gebannt darauf, dass Keira weitersprach. Die Geschichten, die der Freund ihm vom Volk seiner Mutter erzählte, faszinierten ihn jedes Mal aufs Neue. Sie steckten voller Wissen und er musste stets lange über sie nachdenken. Aber immer wieder konnte er einen gewissen Trost oder eine Bereicherung daraus ziehen.

»Seit Generationen leben die Aborigines im Einklang mit der Natur und haben daher ein enormes Wissen um ihre Heilkräfte. Die *Nangkaris* sind die Hüter dieser heiligen Gesetze. Sie kennen viele Möglichkeiten, um sich selbst, die Umgebung und die Natur wieder in Einklang zu bringen.

Um diese lebenswichtige Harmonie zwischen Mensch und Natur nicht zu stören, gibt es 10 Botschaften der *Nangkaris* an die Menschen. Eine davon lautet: ›Achtet den Augenblick und genießt ihn. Er ist das Beste, was ihr habt und das Einzige, was vergeht.‹«

Ray dachte einen kurzen Moment über die Worte nach, dann lächelte er. Es nutzte nichts, sich Gedanken über die Zukunft oder die Vergangenheit zu machen. Das Entscheidende war der Augenblick. Heute fand dieser Augenblick hier statt, morgen in Melbourne. Aber auf jeden Fall war er eines: vergänglich und nicht zuletzt deswegen kostbar.

Ja, Keira hatte seine Sorge verstanden. Auch ohne Worte und lange Erklärungen. Wieder einmal.

Mit ein wenig Ehrfurcht betrachteten Ray und Keira am nächsten Tag die Prunkbauten, nachdem sie Melbourne endlich erreicht hatten. Häuser mit mehreren Stockwerken, die bis in den Himmel zu reichen schienen. Überall Menschen, Geräusche und Pferdekutschen, die von allen Himmelsrichtungen auf sie einströmten. Ständig mussten sie aus dem Weg springen, um sich vor herannahenden Droschken in Sicherheit zu bringen.

Yalla klebte förmlich an Keiras Wade und auch Archer reagierte nervös auf all die unbekannten Geräusche, die hier auf ihn einströmten. Er zuckte mit den Ohren und mehrmals machte er einen erschreckten Satz zur Seite und riss am Halfter, wenn wieder einmal eine Droschke nur wenige Fuß entfernt an ihnen vorbeidonnerte.

Ray hatte mit vielem gerechnet, doch damit nicht. Nervös wendete er den Zettel in seinen Händen, auf dem er zwei Adressen notiert hatte: Die Adresse von Tante Amy, wo er Emily zu finden hoffte, und die Adresse von Edward Baker, die Mr de Mestre ihm genannt hatte. An Mr Baker sollte er sich wenden, wenn er Melbourne erreicht hatte, um für Archer eine Unterstellmöglichkeit bis zum Rennen zu haben. Doch wie sollte er in diesem Gewirr von Straßen und Häusern den richtigen Weg finden?

Keira war, seit sie ihr Ziel erreicht hatten, noch schweigsamer geworden. Er machte ein gequältes Gesicht, als bereiteten ihm die Enge und die Menschenmassen körperliche Schmerzen.

Rays Schuh schlappte bei jedem Schritt. Die Sohle hatte sich nach den 500 Meilen gelöst und Ray kam sich vor wie ein Hanswurst aus einer fahrenden Menagerie, der mit billigen Tricks um Lacher des Publikums heischt. Sie gaben ein merkwürdiges Quartett ab. Und die Blicke der Menschen, die ihnen auf den Straßen entgegenkamen, bestätigten dieses Gefühl.

Sie hatten die Stadt aus östlicher Richtung betreten. Ray wusste, dass Mr Baker im Westen der Stadt wohnte – ganz in der Nähe von Flemington, wo auch das große Rennen stattfinden sollte. Tante Amy wiederum wohnte im Norden, im Stadtteil Preston. Doch wie auch immer sie dorthin geraten waren, auf einmal fanden sich Ray und Keira an der Hobson's Bay wieder. Unzählige große Segelschiffe, Dreimaster wie Fünfmaster, lagen an den Piers vor Anker. Viele wirkten verwaist. Ray hatte schon davon gehört, dass die Mannschaften desertierten und dem verlockenden Ruf des Goldes folgten. Ohne ihre Besatzung waren die Schiffe oftmals jedoch nicht mehr manövrierfähig und verstopften die Hobson's Bay regelrecht. Zu den schlimmsten Zeiten sollten sich im Hafen Hunderte von Schiffen gleichzeitig gestaut haben!

Als sie Mr Bakers Gestüt endlich erreichten, verschwand die Sonne bereits hinter dem Horizont. Mr Baker sah Ray an, als wäre er ein Gespenst.

»Und du bist tatsächlich von Jembaicumbene bis hierher zu Fuß gelaufen, Junge?«

»Ja, Sir«, antwortete Ray erschöpft.

Mr Baker schüttelte den Kopf und betrachtete nacheinander Archer, der mit hängendem Kopf neben Ray stand, dann Keira und schließlich Yalla. »Ich wollte es nicht glauben, als Etienne mir deinen Besuch ankündigte. Er scheint verrückt geworden zu sein, dachte ich, als ich sein Telegramm erhielt. Aber in der Tat – du bist hier, wenn auch mit ein paar Tagen Verspätung. Doch das ist immerhin mehr, als diese Idioten Burke und Wills von sich behaupten können.«

»Was ist mit Burke und Wills?«

»Sie sind beide tot, wusstet ihr das nicht?«

Ray schüttelte den Kopf. Er hatte über die Expedition der beiden Entdecker, die von Melbourne aus zum Golf von Carpentaria aufgebrochen waren, knapp 2.000 Meilen quer durch das australische Hinterland, nur hin und wieder etwas gehört. Schließlich nahm ganz Australien Anteil an der Expedition und jede Nachricht, die darüber bekannt wurde, musste in allen Einzelheiten besprochen werden. Aber in den vergangenen drei Wochen war er von den Entwicklungen in der zivilisierten Welt vollkommen abgeschnitten gewesen und hatte nichts von dem mitbekommen, was man sich so erzählte.

»Idioten, sage ich, allesamt Idioten. Andere mögen sie ja für Helden halten, aber ich denke, wer so was macht, muss verrückt sein.« Baker sah Ray nachdenklich an. »Noch weiß man ja nicht allzu viel, aber was man so hört, reicht mir schon.«

»Was hört man denn so?«

»Sie haben einen der Männer, John King, der als Kameltreiber die Expedition begleitet hat, bei Aborigines gefunden.« Seine Augen glitten zu Keira und er lächelte schwach. »Offensichtlich hat er es diesen Wilden zu verdanken, dass er noch lebt. Die Aborigines haben ihn mehr tot als lebendig bei irgendeinem Wasserloch gefunden und gesund gepflegt.«

Ray warf Keira einen Blick zu. Auch er verdankte dem Freund sein Leben. Das schier unerschöpfliche Wissen der Aborigines über die Tier- und Pflanzenwelt ihrer Heimat war mehr wert als jeder Goldbrocken, den man irgendwo finden konnte. Denn was nützte einem der Reichtum, wenn man tot war?

»Offensichtlich haben sie es nur bis zum Cooper Creek geschafft, statt bis zum Golf von Carpentaria. Von dort aus ist lediglich ein Teil der Männer weitergereist, nämlich Burke, Wills und noch zwei weitere. Eben dieser King und ein Mann namens Gray. Der Rest blieb im Lager am Cooper Creek zurück und wartete. 18 Wochen lang haben sie dort ausgeharrt. Vergebens.«

Ray nickte. So weit hatte er die Geschichte ebenfalls mitbekommen. Die Männer, die am Cooper Creek auf die Rückkehr ihrer Expeditionsmitglieder gewartet hatten, hatten schließlich aufgegeben und waren alleine zurückgekehrt. Das war irgendwann im April gewesen. Davon erfahren hatte man aber erst im Juni, nachdem eine vierköpfige Suchexpedition entsandt worden war, um den Verbleib der Männer zu klären.

Unter der Leitung eines gewissen Howitt fand man die

Gruppe, die am Cooper Creek umgekehrt war und sich bereits auf der Rückreise befand. Von Burke und Wills, den beiden Männern, die die Expedition leiteten, und Gray und King, die sie begleiteten, fehlte jedoch jede Spur.

»Na ja, und jetzt hat man halt diesen Kameltreiber King bei den Aborigines gefunden. King hat erzählt, dass sie den Flinders River erreichten, aber sieben Meilen vor dem eigentlichen Ziel, dem Golf von Carpentaria, aufgaben und umkehrten, da ihr Proviant knapp wurde. Auf der Rückreise zum Cooper Creek wurde Gray krank und starb. Als die übrigen drei das Lager schließlich erreichten, mussten sie feststellen, dass die anderen Männer es nur wenige Stunden zuvor verlassen hatten.« Baker schlug sich mit der Hand vor die Stirn. »Was für ein Irrsinn! Wenn man sich das vorstellt! Da wartet man vier Monate und dann bricht man neun Stunden zu früh auf!« Er lachte bitter. »Aber Burke, Wills und King waren zu geschwächt, um den Versuch zu wagen, die anderen einzuholen. Also blieben sie erst einmal am Cooper Creek, um sich zu erholen. Von dort aus wollten sie zum Mount Hopeless gehen, um Hilfe zu erlangen. Das sind zwar nur 150 Meilen, die aber mitten durch die Wüste führen! Da sind sie dann zwei Monate lang umhergeirrt …« Baker schnaubte und schüttelte den Kopf. »Burke und Wills starben an Erschöpfung. Dieser King kehrte zu irgendeinem Wasserloch zurück, wo er schließlich von den Aborigines gefunden wurde, die sich seiner annahmen.«

»Also ist dieser King der einzige Überlebende?«

Baker nickte. »Er soll irgendwann in den nächsten Tagen hier in Melbourne eintreffen.«

Ray musste bei dem Gedanken, wie knapp er selbst einem ähnlichen Schicksal entgangen war, schlucken. Es hätte nicht viel gefehlt und er wäre einsam in einer Höhle am Biss einer Spinne qualvoll verendet.

Baker schien ähnliche Gedanken zu haben. »Na ja«, sagte er und klopfte Ray auf die Schulter. »Du hast es jedenfalls geschafft.«

Ray nickte stumm.

»Selbstverständlich könnt ihr, du und dein Freund und das Pferd und der …«, Bakers Blick fiel auf Yalla, die sich neben Keira zusammengerollt hatte, »… und der Dingo hierbleiben, bis wir eine Schiffspassage für euch zurück nach Sydney buchen können. Ich werde Etienne augenblicklich telegrafieren, dass ihr … na ja, mehr oder weniger wohlbehalten … hier angekommen seid.«

»Danke, Sir, das ist sehr freundlich. Aber ›Schiffspassage‹? ›Zurück nach Sydney‹?«

»Ja, natürlich, mein Junge.«

»Mr Baker, wir sind hierhergekommen, um den *Melbourne Cup* zu gewinnen. Und nicht, um unverrichteter Dinge zurückzukehren.« Ray sprach mit viel Nachdruck. »Wir werden erst dann zurückreisen, wenn wir das Rennen hinter uns haben.«

Mr Baker lachte. »Du willst doch nicht mit diesem abgemagerten Gaul ein Rennen gegen die besten Pferde Victorias bestreiten?«

»Doch, Sir, genau das ist meine Absicht. Archer ist vielleicht ein bisschen mager, aber er ist in guter Verfassung.« Ray blickte zur Seite auf Archer, der genau in diesem Moment entkräftet zu schwanken schien und einen Ausfallschritt zur Seite machen musste.

»Du machst dich und meinen guten Freund Etienne zum Gespött der Leute! Das arme Tier kann sich vor Schwäche ja kaum auf den Beinen halten!« Baker schüttelte den Kopf, als hätte er einen guten Witz gehört. »Du glaubst doch nicht im Ernst, dass du einen Jockey findest, der bereit ist, dieses Tier zu reiten, das nach 100 Metern unter ihm zusammenbricht!«

»Ich werde es auf jeden Fall versuchen, Sir.«

Mr Baker rieb sich mit beiden Händen kraftvoll über das Gesicht, als träume er und versuche aufzuwachen. Als er die Hände wieder herunternahm, konnte Ray rote Striemen sehen, die der Druck seiner Finger auf der Haut hinterlassen hatte.

»Das ist völliger Wahnsinn!«, schimpfte Mr Baker weiter. »Das Rennen findet in vier Tagen statt! Bis dahin ist Archer kaum wieder fit!«

»Er wird allen anderen davonrennen. Glauben Sie mir, Sir.« Ray strich Archer, der immer noch neben ihm stand, über die Flanke und Archer nickte mit dem Kopf, als wollte er ihm zustimmen.

So wurden die Gesetzesbrecher …
zu Bergen und Hügeln …
Oodgeroo

ALS Ray kurze Zeit später auf dem Schlafboden lag und sich noch einmal sein Gespräch mit Mr Baker ins Gedächtnis rief, seufzte er. Vielleicht hatte der Mann ja recht und er versuchte etwas mit Gewalt zu erzwingen, das weder für Archer noch für ihn oder Mr de Mestre wünschenswert war. Er erinnerte sich daran, dass sein Vater seiner Mutter oft ähnliche Vorwürfe gemacht hatte. Er hatte behauptet, dass sie stets von allen zu viel verlangte. Vielleicht war er in dieser Hinsicht zu sehr wie sie und merkte nicht, wenn es genug war?

Er hörte Keiras gleichmäßige Atemzüge neben sich und ein Gefühl der Dankbarkeit für seinen Freund durchströmte ihn. Keira, der ihn bis hierher begleitet hatte – nein, *geführt* wäre das bessere Wort, dachte Ray.

Er hörte Archer im Stall unter sich, der sich noch immer an der Heukrippe gütlich tat, als hätte er Mr Bakers Worte ebenfalls im Ohr und wollte nun alles tun, um so schnell wie möglich an Gewicht zuzulegen.

Ray schmunzelte und machte sich zugleich Sorgen, dass Archer übertrieb. Eine Kolik konnte er jetzt als Allerletztes gebrauchen.

Bis zum Schluss hatte er Mr Baker nicht vom Ernst seiner Absichten überzeugen können. Und doch wusste er, dass er Melbourne nicht verlassen würde, ohne dieses verdammte Rennen bestritten zu haben!

Schließlich hatten sie sich darauf geeinigt, erst einmal eine Nacht verstreichen zu lassen, bevor sie sich erneut zusammensetzten. Und Ray hoffte, dass er Mr Baker am nächsten Morgen überzeugen konnte, Archer für ihn auf die Starterliste setzen zu lassen. Die Frist für Nachnennungen lief sehr bald ab. Und dann wäre alles umsonst gewesen.

Rays letzter Gedanke, bevor er einschlief, galt Emily. Jetzt, wo er Melbourne erreicht hatte, war sie ihm so nah wie lange nicht mehr. Er versuchte sich vorzustellen, wie sie in ihrem Bett lag, keine sieben Meilen von ihm entfernt, und genauso an ihn dachte wie er an sie. Was würde sie für ein Gesicht machen, wenn sie ihn am nächsten Tag vor ihrer Tür stehen sah? Und mit dem Gedanken an ihr überraschtes und erfreutes Lächeln, das ihn erwartete und das ihn für einen Teil der Strapazen, die er in den letzten Wochen auf sich genommen hatte, entschädigen würde, schlief er endlich ein.

»Selbst wenn ich so verrückt wäre, Archer auf die Starterliste setzen zu lassen, so hast du immer noch keinen Jockey, der bereit ist, das Pferd zu reiten!« Mr Baker blickte versonnen in seinen Kaffeebecher. »Ihr seid einfach zu spät«, fuhr er fort, »alle guten Jockeys haben schon ein Engagement … meiner ja auch.«

»Also haben Sie ebenfalls ein Pferd am Start?«, erkundigte sich Ray.

Mr Baker schüttelte den Kopf. »Nein, dieses Mal nicht. Das einzige meiner Pferde, das infrage käme, ist im Augenblick nicht ganz fit«, erklärte er. »Aber mein Jockey reitet für ein anderes Gestüt. Und dieser Deal steht bereits seit Langem fest.«

»Ich werde schon noch einen finden«, antwortete Ray und biss sich trotzig auf die Unterlippe. Er saß Mr Baker gegenüber an einem wurmstichigen alten Holztisch in der großen Küche des Gestüts. Die Tischplatte bog sich noch unter den Resten des Frühstücks, das Mr Bakers Stallburschen bis vor wenigen Minuten hier zu sich genommen hatten, bevor jeder von ihnen zu seinen Aufgaben zurückgekehrt war. Jetzt war Mr Bakers Köchin bereits mit den Vorbereitungen für das Mittagessen beschäftigt. Sie rührte in ihren großen Töpfen und warf Ray dabei hin und wieder einen verstohlenen Blick zu.

So wie man jemanden anschaut, von dem man Unglaubliches gehört hat, dachte Ray. Er fühlte sich auf angenehme Weise an sein Zuhause bei Mr de Mestre erinnert, wo die dicke Elizabeth jetzt sicherlich ebenfalls in ihren Töpfen rührte, um die hungrige Meute satt zu bekommen.

Mr Baker seufzte. »Die Nennfrist ist ohnehin schon längst abgelaufen.«

»Wir können eine Nachnennung beantragen. Die Frist läuft noch bis morgen Mittag.«

Mr Baker runzelte die Stirn. »Du bist wirklich ein verdammt sturer Bock.«

Ray schwieg. Was sollte er auch dazu sagen? Er war 500 Meilen weit gelaufen, um mit Archer an diesem Rennen teilzunehmen. Und jetzt sollte er so kurz vor dem Ziel aufgeben?

»Also gut«, sagte Mr Baker schließlich. »Wir machen es so: Wenn du bis heute Abend einen Jockey gefunden hast, der bereit ist Archer zu reiten, dann melde ich das Tier morgen an. Einverstanden?«

»Das erscheint mir fair«, erwiderte Ray.

Mr Baker grinste. »Gut, dann werde ich schon mal die Schiffspassage buchen, denn ich lege meine Hand dafür ins Feuer, dass du keinen Jockey mehr bekommst.«

»Wir werden sehen«, sagte Ray und stand auf, um nach Archer zu schauen. Dabei griff er nach dem Paar Schuhe, das Mr Baker für ihn herausgesucht und ihm an diesem Morgen überreicht hatte. Es war alt und eine Nummer zu groß, aber immerhin hatten die Schuhe eine intakte Sohle. Er hob sie hoch und blickte Mr Baker an. »Danke, Sir«, sagte er. »Danke für alles.«

Mr Baker nickte ihm freundlich zu.

Archer begrüßte Ray mit einem freudigen Schnauben. Ray schlang seine Arme um Archers Hals und verbarg sein Gesicht in der Mähne des Hengstes. Stimmte es, wenn Mr Baker behauptete, Archer sei nicht in der Verfassung, ein Zwei-Meilen-Rennen zu überstehen? War er, Ray, vor Ehrgeiz blind für die Bedürfnisse des Tieres?

Ray schreckte zurück, als er ein Geräusch hinter sich vernahm. Aber es war nur Keira, der an der Boxentür lehnte.

»Und?«, fragte er.

»Wenn ich bis heute Abend einen Jockey gefunden habe, meldet er Archer an.«

»Und wo findet man einen Jockey?«

»Mr Baker hat mir eine Adresse hier in Flemington genannt. Es ist eine Rennreitervereinigung. Dort soll ich mal nachfragen.«

»Worauf warten wir dann noch?«

Ray grinste. »Auf nichts. Komm!«

Ray war dankbar, dass sein Freund ihn auch auf diesem Weg begleitete. Und noch dankbarer war er, dass Keira an seiner Seite war, als die beiden Jockeys, die sie in dem Büro antrafen, schallend lachten, nachdem sie Rays Anliegen gehört hatten.

»Du willst jetzt noch einen Jockey für dein Pferd finden, das in drei Tagen beim *Melbourne Cup* startet?« Der junge Mann, der Ray gerade mal bis zur Nasenspitze reichte, schlug sich vor Lachen auf die Oberschenkel. »Das ist wahrhaftig ein guter Witz, stimmt's, John?«

»Ich kann mal meine Großmutter fragen. Die hat, glaube ich, noch kein Engagement«, scherzte John.

»Wenn sie gut reiten kann ...«, entgegnete Ray.

»Jetzt mal im Ernst«, sagte John. »Was ist das denn für ein Pferd, hä?«

»Sein Name ist Archer. Er stammt aus New South

Wales. Sein Trainer ist Etienne de Mestre. Wir sind die 500 Meilen zu Fuß gelaufen und erst gestern Abend hier angekommen. Deswegen sind wir ein bisschen spät dran. Er steht im Stall von Mr Baker, wenn ihr ihn euch anschauen wollt.«

»500 Meilen zu Fuß? Seid ihr verrückt? Und du meinst, der arme Gaul ist in drei Tagen in der Lage, ein Rennen über zwei Meilen zu bestreiten?« Die beiden Jockeys sahen sich an, als fürchteten sie, auf einen Scherz hereinzufallen.

»Wisst ihr nun einen Jockey, der noch ein Engagement sucht, oder nicht.«

Die jungen Männer schüttelten zeitgleich die Köpfe. »Die Guten sind sowieso schon alle weg«, sagte John. »Simpson reitet Mormon und Bishop soll Prince reiten. Wir beide haben auch schon unsere Pferde. Also mir fällt keiner ein.«

»Was ist mit Taylor?«, sagte der andere.

Der junge Mann, der John hieß, zuckte mit den Schultern. »Keine Ahnung, Mann. Aber wenn ich ein Pferd hätte, würde ich es nicht von Taylor reiten lassen.«

»Wer ist denn dieser Taylor?«, fragte Ray und schöpfte Hoffnung.

»Er war mal ein echt guter Jockey, aber das ist schon eine Weile her.«

»Jetzt verbringt er mehr Zeit mit seinen Whiskyflaschen als mit Pferden auf der Rennbahn.«

»Und wo kann ich ihn finden?«

»Er wohnt hinten in der Bloomfield Road. Das schäbigste Haus in der ganzen Straße. Ihr könnt es nicht verfehlen.«

»Danke«, sagte Ray. »Dann werden wir es mal bei diesem Taylor versuchen.«

»Hältst du das wirklich für eine gute Idee?«, fragte Keira, als sie wieder auf der Straße standen und den Weg zur Bloomfield Road suchten.

»Habe ich eine andere Wahl?«, entgegnete Ray. »Wenn dieser Taylor Jockey ist und noch einen Arbeitgeber für das Rennen sucht, dann ist er unser Mann.«

Keira grunzte missmutig. »Ich finde, das hörte sich nicht so an, als würde Taylor Archers Chancen auf einen Sieg vergrößern.«

»Es ist immerhin eine Chance«, antwortete Ray. »Und zwar die einzige, die wir haben.«

»Hmm«, machte Keira nachdenklich. Aber er sagte nichts mehr.

In der Tat war es nicht schwer, das Haus zu finden, das die beiden Jockeys ihnen beschrieben hatten. Kurze Zeit später standen Ray und Keira vor einer schief in den Angeln hängenden Tür, die noch das Intakteste an dem Haus zu sein schien, das sie verschließen sollte. Schmutzige Gardinen hingen vor ungeputzten Fenstern und die Fassade war bröckelig.

Erst als Ray zum dritten Mal den Türklopfer betätigte und bereits kurz davor war, unverrichteter Dinge umzukehren, wurde die Türe geöffnet und ein unrasierter, hagerer Mann mit gerötetem Gesicht stand vor ihnen, der

Schwierigkeiten hatte, ihnen geradewegs in die Augen zu blicken. Als er den Mund öffnete, um zu fragen, was sie wollten, wehte Ray eine unangenehme Alkoholfahne entgegen.

»Ich kann mir dein Pferd ja mal angucken«, sagte Taylor, nachdem Ray ihm sein Anliegen vorgetragen hatte. »Wartet hier, ich komme gleich raus.«

Viel hatte sich an Taylors Aussehen nicht geändert, als er eine Viertelstunde später zu ihnen auf die Straße trat. Er hatte seinen fleckigen Morgenmantel durch eine nicht weniger schmutzige Jacke und eine dreckige Hose ersetzt. Ansonsten sah er genauso ungewaschen und ungepflegt aus wie zuvor.

Ray fühlte sich unwohl bei dem Gedanken, dass dieser Mann Archer reiten sollte, und im Stillen stimmte er Keira zu, der ihn davor gewarnt hatte, irgendeinen x-beliebigen Jockey zu engagieren. Und doch wusste er sich keinen anderen Rat.

Taylor schwankte leicht und Ray hoffte, dass ihn niemand in Begleitung dieses Mannes sah. Am wenigsten Mr Baker, der vielleicht sein Versprechen nicht halten würde, wenn er sah, wen Ray da für sein Pferd zu engagieren gedachte.

Zum Glück begegneten sie niemandem und Taylor hielt sich endlich an der Boxenklappe fest, um nicht das Gleichgewicht zu verlieren, und musterte Archer, der den fremden Mann seinerseits argwöhnisch betrachtete.

»Er sieht nicht gerade sehr kräftig aus, oder?«, fragte Taylor.

»Er ist in Ordnung«, antwortete Ray mit Nachdruck.

Taylor schüttelte den Kopf. »Er ist in keiner guten Verfassung, Junge. Der macht das Rennen nicht.«

»Sie irren sich, Sir«, behauptete Ray. »Archer wird ein hervorragendes Rennen laufen.«

Wieder schüttelte Taylor den Kopf. »Aber nicht mit mir. Ich ruiniere mir meinen Ruf, wenn ich mit einem Pferd antrete, das nach der Hälfte der Strecke vor Erschöpfung umfällt.«

Ray zog überrascht die Augenbrauen hoch und warf Keira einen fragenden Blick zu.

»Gibt es an Ihrem Ruf noch etwas zu ruinieren?«, erkundigte sich Keira. »Ich habe eher das Gefühl, Sie können nur gewinnen, wenn Sie es schaffen, sich über die gesamte Strecke auf dem Rücken Ihres Pferdes zu halten.«

Taylor wandte sich zu Keira um und hielt ihm sein Gesicht dicht vor die Nase. Keira wich zurück, als ihm der Atem des Mannes entgegenschlug. »Vorsicht, mein Junge!«, zischte Taylor. »Treib es nicht zu weit! Meine Geduld ist nicht grenzenlos.« Er hob einen schmutzigen Zeigefinger in die Höhe und fuchtelte damit drohend vor Keiras Gesicht herum. »Erst verschwendet ihr meine Zeit, indem ihr mir einen alten Klappergaul andrehen wollt, der sich kaum noch auf den Beinen halten kann, und dann werdet ihr auch noch unverschämt!«

»Gut, vielen Dank, Mr Taylor, dass Sie sich die Zeit für uns genommen haben«, sagte Ray schnell und drängte sich zwischen die beiden Streithähne, bevor die Situation richtig brenzlig wurde. »Wir werden uns dann nach einem anderen Jockey umsehen.«

Taylor wandte sich zu Ray um. »Ihr werdet keinen finden«, sagte er. »Nicht für dieses Pferd. Für den klapprigen Gaul hättet ihr nicht mal einen anständigen Jockey gefunden, wenn ihr noch drei Wochen Zeit hättet. Geschweige denn drei Tage.«

»Wie gesagt, vielen Dank, Mr Taylor, und vergessen Sie nicht, in die Zeitung zu schauen. Sie werden dort bald den Namen dieses Hengstes lesen können. Und zwar als Gewinner des ersten *Melbourne Cups*.«

Mr Taylor grinste höhnisch und zeigte dabei eine Reihe verfaulter Zähne. Dann wandte er sich um und torkelte davon. Er hatte die Stalltür gerade hinter sich ins Schloss fallen lassen, als Ray sich erschöpft an der Boxenwand hinabgleiten ließ und seinen Kopf in die Hände stützte. Yalla ließ sich die Chance nicht entgehen, drängte sich augenblicklich dicht an Rays Bein und forderte ihn dazu auf, sie zu streicheln. Mechanisch glitten Rays Hände über das Fell des Dingos. »Wenn nicht mal dieser Mann Archer reiten will, Keira, dann werden wir keinen finden, der dazu bereit ist«, sagte er niedergeschlagen.

Keira nickte und setzte sich neben Ray ins Stroh. »Ich fürchte, da liegst du ausnahmsweise mal richtig.«

Ray seufzte. »Aber ich will wenigstens Emily noch besuchen, bevor ich Mr Baker darum bitte, uns eine Schiffspassage zurück in die Heimat zu buchen. Dann war diese Reise zumindest nicht ganz umsonst.« Ray spürte einen dicken Kloß in seinem Hals. All die Strapazen, die er erlitten hatte, wogen mit einem Mal doppelt so schwer, als seine Hoffnungen nun mit einem einzigen Schlag zunichte gemacht worden waren.

»Ich denke, diesen Weg solltest du alleine gehen«, sagte Keira. »Ich werde hier mit Yalla auf dich warten.«

Ray suchte nach den richtigen Worten. Er wusste nicht genau warum, aber er hatte das dringende Bedürfnis, Keira mit Emily bekannt zu machen. Vielleicht weil er dachte, dass Keira nun bereits so viel über Emily erfahren hatte, dass ein Zusammentreffen der beiden der einzig logische letzte Schritt war. Oder es war nur sein eigener Wunsch, die beiden Menschen, die ihm am meisten von allen bedeuteten, einander vorzustellen.

»Ich möchte aber, dass du mitkommst«, sagte er nach kurzem Schweigen und ohne weitere Erklärungen.

Keira zögerte. Er wollte sich nicht aufdrängen und hatte das Gefühl, bei dieser lang ersehnten Familienzusammenkunft nicht am richtigen Platz zu sein. Andererseits freute er sich über den Wunsch seines Freundes, der ihm zeigte, wie wichtig er für Ray geworden war. »Glaubst du wirklich, Tante Amy wird erfreut sein, einen Aborigine vor ihrer Tür zu sehen?« Ray hatte ihm so viel über seine Tante erzählt, dass er meinte, sie bereits zu kennen. Ebenso wie Emily.

»Es ist mir egal, ob Tante Amy sich freut«, antwortete Ray. »Emily wird sich freuen, deine Bekanntschaft zu machen. Und das ist es, was mir wichtig ist.«

Keira nickte. »Also gut«, willigte er schließlich ein. »Dann komme ich mit.«

Das Haus, vor dem sie kurze Zeit später standen, war vielleicht nicht gerade hochherrschaftlich, aber dennoch spürte Ray eine Woge des Glücks, wenn er sich vorstellte, dass hier Emilys neues Zuhause war. Es hatte zwei Stockwerke und sah sehr modern aus. An der Türe standen zwei Namen. Tante Amy wohnte im obersten Stockwerk, erkannte Ray.

Die Tür war nur angelehnt und das Treppenhaus sah genauso gepflegt aus wie die Fassade des Gebäudes, wenn auch vielleicht ein bisschen düster. Ray erklomm die Stufen mit zunehmend klopfendem Herzen und Keira folgte ihm.

Diesmal brauchten sie nicht lange zu warten, bis ihnen geöffnet wurde. Tante Amy erschien im Türrahmen und Ray konnte hinter ihr einen Blick in einen langen, dunklen Flur erhaschen, von dem links und rechts mehrere Türen abgingen.

Tante Amys Gesichtsausdruck veränderte sich innerhalb weniger Wimpernschläge von freundlicher Erwartung über Überraschung bis hin zu Ablehnung.

»Ray!«, rief sie. »Was machst *du* denn hier?« Ihr Blick glitt weiter zu Keira, der hinter Ray stehen geblieben war, und sie riss fast schon ein wenig ängstlich die Augen noch weiter auf.

»Ich möchte Emily besuchen«, antwortete Ray und schluckte seine Enttäuschung über den nicht gerade herzlichen Empfang hinunter. Genau genommen hatte er mit nichts anderem gerechnet, aber deswegen war die Erkenntnis, dass Tante Amy nichts mit ihrem Neffen anfangen konnte, nicht weniger schmerzhaft. Er schien für irgendetwas geradestehen zu müssen, das weit vor seiner Geburt passiert war und eigentlich nicht ihn, sondern vielmehr seine Mutter betraf, an die Tante Amy sich bei seinem Anblick stets aufs Neue erinnert fühlte.

»Emily?« Tante Amys Stimme zitterte leicht. »Sie … sie … ist gerade nicht da.«

»Wo ist sie denn?«

»Sie hat Unterricht.«

»Unterricht?«

Tante Amy nickte. »Schließlich soll sie eines Tages mal einen anständigen Mann heiraten, nicht wahr? Und deine Eltern haben eure Bildung arg vernachlässigt.«

Es klang so vorwurfsvoll, als sei das Rays Schuld.

»Wann kommt sie denn wieder?«

Tante Amy zuckte mit den Schultern.

»Entschuldigen Sie, Ma'am«, sagte Keira und trat einen Schritt vor. »Mein Freund Ray ist 500 Meilen hierher zu Fuß gelaufen, um seine Schwester zu sehen. Vielleicht wären Sie so freundlich ihm zu sagen, wann das möglich ist?«

Tante Amy warf Keira einen strafenden Blick zu. Dann wandte sie sich wieder an Ray: »Du bist zu Fuß hierher gekommen?«

Ray nickte. »Reverend Smith hat mir einen Job als Stallbursche besorgt, und mein Boss hat mich mit einem seiner Pferde hierher geschickt, um an dem Rennen teilzunehmen, das der *Victoria Turf Club* ausgeschrieben hat.«

Tante Amy schüttelte den Kopf. »Du bist wirklich genauso verrückt wie deine Mutter«, sagte sie und ihre Stimme war voller Abscheu. »Die hat auch immer nur getan, was sie für richtig hielt, ohne daran zu denken, was das für andere bedeutete.« Sie lachte bitter. »Gott, wie oft habe ich die Prügel für sie kassiert! Immer war ich für alles verantwortlich, was deine Mutter angestellt hat. Nur weil ich älter war als sie.« Sie schnaubte. »500 Meilen zu Fuß ... und das in solcher Gesellschaft ...«, fuhr sie nach einer Weile fort. Ihre Augen wanderten zu Keira hinüber, der ihren Angriff lächelnd ignorierte. »Nein, ich glaube nicht, dass es gut für Emily wäre, wenn sie dich jetzt wiedersähe. Sie ist gerade dabei, hier Fuß zu fassen und all die schrecklichen Dinge zu vergessen, die ihr in ihrem kurzen Leben schon zugestoßen sind. Du möchtest doch sicherlich auch nur das Beste für deine kleine Schwester, oder? Also lass sie in Ruhe!« Und damit knallte Tante Amy Ray die Tür vor der Nase zu.

Ray regte sich nicht. Er starrte auf die geschlossene Tür und versuchte zu verstehen, was Tante Amy gesagt hatte. Natürlich wollte er nur das Beste für Emily. Aber war es das Beste für sie, ihn nicht zu sehen?

Er wusste, wie sehr er sich in all der Zeit nach ihr gesehnt hatte. Und er konnte sich kaum vorstellen, dass es Emily anders ging. Oder stimmte es, was Tante Amy sagte, und es war für Emily am Ende besser, ihn zu vergessen?

Erst als er Keiras Hand auf seiner Schulter spürte, drehte Ray sich um. Tränen der Enttäuschung schimmerten in seinen Augenwinkeln. Mit wie viel Hoffnung war er hier nach Melbourne gekommen. Und was war davon übrig geblieben?

Nichts.

Aber diejenigen, die die Gesetze einhielten,
verwandelte die Regenbogenschlange
in die menschliche Form,
und sie gab einem jeden das Tier … von dem sie stammten,
zu seinem Totem …
Oodgeroo

ALS sie wieder auf der Straße standen, warf Ray einen letzten Blick auf das Haus, in dem Emily jetzt wohnte. So schön und verheißungsvoll es ihm zunächst erschienen war, so abweisend und finster wirkte es jetzt auf ihn. Vor den Fenstern hingen schwere, dunkle Vorhänge, die jegliches Sonnenlicht aussperrten. Und während Ray zu den Fenstern im zweiten Stock hinaufschaute, meinte er ein leichtes Zittern der Gardinen zu sehen. Für einen kurzen Augenblick erschien ein blonder Lockenschopf, engelsgleich, am Fenster, der genauso schnell wieder verschwand, wie er gekommen war.

Ray blieb beinahe das Herz stehen. Hatte er sich das nur eingebildet oder war es wirklich Emily gewesen? Hatte Tante Amy nicht einmal davor zurückgeschreckt, ihn anzulügen, um ihn von seiner Schwester fernzuhalten? Er erinnerte sich an ihren Abschied. Und an sein Versprechen, Emily in Melbourne zu besuchen. Wie glücklich sie damals gewesen war, als er zu ihr gesagt hatte: »Ich verspreche es.« Und nun konnte er nicht einmal sein Wort halten.

Keira spürte, wie es um den Freund bestellt war. Er ließ Ray die Zeit, die er brauchte, um Abschied zu nehmen. Abschied von all den Wünschen und Hoffnungen, die ihn hierher getrieben hatten. Erst als Ray sich abwandte, fasste er den Freund leicht am Arm und zog ihn mit sich, die Straße entlang zurück zum Stall von Mr Baker. Ray schien nichts von seiner Umgebung wahrzunehmen. Nicht den regen Droschkenverkehr, nicht die Hunderte von Menschen, die ihn und Keira misstrauisch anblickten. Als würden sie spüren, dass diese beiden jungen Männer nicht hierher gehörten. Der weiße ebenso wenig wie der dunkelhäutige.

Archer begrüßte sie mit freudigem Schnauben, als sie in den Stall zurückkehrten, und Yalla sprang aufgeregt an Keira hoch und versuchte, ihm durch das Gesicht zu lecken.

»Was willst du jetzt tun?«, erkundigte sich Keira bei Ray, während er ihm dabei zusah, wie er Archer striegelte.

Ray wandte sich nicht zu Keira um. Mit gleichmäßigem Druck führte er den Striegel weiter über Archers Fell und zuckte nur mit den Schultern. »Ich werde Mr Baker wohl sagen, dass er gewonnen hat, und darauf warten, dass wir einen Platz auf einem Schiff kriegen, um zurück nach Sydney zu fahren.« Als spüre er den taxierenden Blick seines Freundes auf seinem Körper, drehte er sich jetzt doch zu Keira um. »Und du?«, fragte er. »Kehrst du zurück in deine Berge? Oder kann ich dich überreden, mit mir nach Sydney zu kommen? Mr de Mestre könnte bestimmt noch ein Paar helfende Hände gebrauchen.«

Doch Keira antwortete nicht. Er schien über irgendetwas nachzudenken, während er Ray von oben bis unten musterte. »Wie viel wiegst du eigentlich?«, fragte er plötzlich.

Ray zuckte mit den Achseln. »Keine Ahnung. Wieso? Vielleicht so um die 110 Pfund?«

»Wenig genug für einen Jockey?«

»Was meinst du damit?«

»Wieso reitest du Archer nicht selbst?«

Ray sah Keira an, als wäre er verrückt geworden. »Aber ich ... ich habe doch gar keine Erfahrung und außerdem ...«

»Du hast Archer 500 Meilen weit geritten. Niemand kennt das Pferd besser als du. Und da sagst du, du hättest keine Erfahrung?«

Ray schwieg, während er über Keiras Worte nachdachte. Der Gedanke, gegen all die erfahrenen Jockeys anzutreten, verursachte ihm Bauchschmerzen. Andererseits hatte Keira recht, wenn er sagte, dass er Archer wohl am besten kannte und wusste, wie er zu reiten war. Archer vertraute ihm und er vertraute Archer. Und wenn er es nicht selbst versuchte, musste er Mr de Mestre unverrichteter Dinge gegenübertreten und sein Scheitern eingestehen. Aber was würde Mr de Mestre dazu sagen, wenn er Archer selbst ritt? Und was Mr Baker?

»*Lasst nicht ab, der Melodie des Herzens und der Liebe zu lauschen und ihr zu folgen,* sagen die Nangkaris«, fuhr Keira fort, als Ray immer noch nicht antwortete. »Was sagt dir die Melodie deines Herzens?«

Beinahe widerwillig spürte Ray einen Funken Zuversicht zurückkehren, während er über Keiras Worte nachdachte. Er hatte schon jegliche Hoffnung aufgegeben und wehrte sich nun dagegen, noch einmal enttäuscht zu werden. Er schüttelte den Kopf. »Ich glaube kaum, dass Mr Baker dazu seine Zustimmung geben wird.«

»Dann müssen wir ihn halt überzeugen, Yinnel«, sagte Keira und grinste. »Sanft und stark zugleich wie das Wasser, das durch das Flussbett fließt und es unnachgiebig nach seinem Willen formt.«

»Auf gar keinen Fall!«, sagte Mr Baker und sein Gesicht wurde rot vor Zorn. »Du weißt ja gar nicht, was du da sagst, Junge!«

»Aber Mr Baker, ich bin Archer 500 Meilen weit geritten. Ich kenne ihn so gut wie kein anderer!«, wiederholte Ray Keiras Argumente. »Ich weiß, was er kann und wie ich ihn dazu bringe, das zu zeigen!«

Mr Baker schnaubte. »Es ist verdammt noch mal was anderes, mit einem Pferd allein über eine grüne Wiese zu hoppeln, als an einem Rennen mit den besten Vollblütern des Landes teilzunehmen. Diese Jockeys haben jahrelange Erfahrung darin, ihre Mitstreiter von der Bahn abzudrängen und ins Stolpern zu bringen. Das ist wahrhaftig kein Spaß! Weißt du überhaupt, was es bedeutet, in einem Pulk von 15 oder 20 Pferden zu reiten, wo jeder sich selbst der Nächste ist und nur an den eigenen Sieg denkt? Die Pferde und Reiter sind nervös, der aufgewirbelte Staub nimmt dir die Sicht und Erdklumpen fliegen dir um die Ohren! Alle drängen zugleich auf die engen Kurven zu, wollen den besten, kürzesten Winkel für sich ... Schlag dir das aus dem Kopf, mein Junge. Da mache ich nicht mit.«

Ray war kurz davor aufzugeben. Er konnte Mr Bakers Argumente nachvollziehen. Vermutlich wusste er wirklich nicht so genau, worauf er sich da einließ. Was würde Mr de Mestre sagen, wenn Archer sich während des Rennens verletzte, weil sein Jockey unfähig war?

Doch dann erinnerte er sich an Keiras Worte. Keira hatte ihn ermahnt, auf sein Herz zu hören. Und sein Herz sagte ihm, dass Archer an diesem Rennen teilnehmen sollte. Und hatte nicht auch sein Vater ihm in seinem Traum geraten, seinen Gefühlen zu folgen? Außerdem hatte sein Freund ihn mit seinem Aborigine-Namen angesprochen: Yinnel, der Bach. Und ihn dadurch daran erinnert, was seine Stärken waren. So konnte er Mr Baker überzeugen. Und genauso würde er auch das Rennen für sich entscheiden können, sanft und kraftvoll zugleich. Es lag jetzt nur noch an ihm.

»Geben Sie uns eine Chance, bitte, Mr Baker. Lassen Sie Archer und mich zeigen, was wir können. Lassen Sie ihn gegen das beste Pferd aus Ihrem Stall antreten. Und wenn wir gewinnen ...« Ray erinnerte sich an sein Rennen gegen Nick. Er hatte schon einmal auf diese Weise eine Wette gewonnen. »Wenn wir gewinnen, dann melden Sie Archer an. Wenn er verliert, dann verspreche ich Ihnen, werde ich kein Wort mehr sagen.«

Mr Baker schüttelte den Kopf. Einen so sturen jungen Mann hatte er wahrhaftig noch nie erlebt. Doch er war sich seiner Sache sicher. Archer mochte ein gutes Pferd sein. Aber in dem Zustand, in dem er sich jetzt befand, hatte er keine Chance. Wenn man das Pferd vier Wochen lang aufpäppeln und angemessen trainieren könnte, ja, dann war Archer vielleicht eine ernst zu nehmende Konkurrenz, aber so?

»Also gut«, sagte Mr Baker. »Vielleicht ist das der einfachste Weg, dich zu überzeugen. Morgen früh lassen wir Archer gegen meinen Hengst Báron antreten. Aber nicht mehr als eineinhalb Meilen. Ich will nicht schuld daran sein, dass Etiennes Pferd kollabiert.«

»Aber Sir!« Ray wähnte sich kurz vor dem Ziel. »Archer ist kein Sprinter. Er braucht zwei Meilen, um überhaupt warm zu werden!«

Mr Baker verzog das Gesicht zu einer gequälten Grimasse. Dieser Junge trieb ihn noch in den Wahnsinn! Er kitzelte mit seiner sanften, aber unnachgiebigen Art nach und nach immer mehr Zugeständnisse aus ihm heraus, die er eigentlich nicht machen wollte. Nun aber hatte er das Gefühl, dass es auf eine halbe Meile mehr oder weniger auch nicht mehr ankam. »Also schön«, sagte er. »Zwei Meilen. Doch du trägst die Verantwortung!«

Ray strahlte. »Ja, Sir! Danke, Sir. Sie werden sehen, dass ich recht behalte!«

»Das bezweifle ich«, grunzte Mr Baker und wandte sich bereits ab. Er hoffte nur, dass er die richtige Entscheidung getroffen hatte und der Junge wusste, was er tat.

Den ganzen Nachmittag verbrachte Ray mit Archer. Er kratzte seine Hufe aus, strich sie mit Salbe ein, massierte seine Läufe, ging mit ihm spazieren und führte ihn im leichten Trab, um seine Muskulatur zu lösen. Archer wirkte entspannt und ausgeglichen und auch Ray vergaß während der Arbeit seine Trauer über das geplatzte Wiedersehen mit Emily. Er begutachtete jede Stelle von Archers Körper, damit er auch ja keine Schwachstelle übersah, die die Gesundheit des Pferdes gefährden könnte. Aber er fand nichts. Zugegeben – das Pferd war nach dem langen Marsch zu dünn. Wenn man genau hinsah, konnte man die Rippen durch die Haut schimmern sehen und die Kruppe war zu kantig. Aber Archer machte trotzdem einen gesunden Eindruck. Jeder seiner Muskeln war perfekt ausgebildet.

»Morgen musst du noch einmal zeigen, was du kannst, mein Junge«, sagte Ray. Seine Stimme war voller Zärtlichkeit. Es war verrückt, dass Archer nun schon das zweite Rennen bestreiten musste, nur um zu beweisen, dass er am *Melbourne Cup* teilnehmen konnte.

»Meinst du, er ist fit?« Keira lehnte sich gegen die Stalltür.

Ray nickte. »Auf jeden Fall«, antwortete er. »Er wird es Mr Baker morgen zeigen, nicht wahr, mein Junge?«

Archer schnaubte und schlug mit dem Kopf, als würde er nicken.

Ray und Keira lachten.

Ray war nervös. Er hatte die ganze Nacht über kaum ein Auge zugetan. Nun überprüfte er noch einmal den festen Sitz des Sattels und stellte die Steigbügel nach.

Báron, Mr Bakers Hengst, war ein stattlicher Schimmel, der Archer noch einmal um ein gutes Stück überragte. Sein Jockey, einer von Mr Bakers Angestellten, hatte alle Mühe, das temperamentvolle Tier an einem Frühstart zu hindern.

Archer hingegen stand gelassen wie ein altes Pferd da und wartete geduldig, als Ray sich in seinen Sattel schwang.

Jetzt, wo sie auf Augenhöhe waren, nickte Bárons Reiter Ray freundlich zu. »Hey«, sagte er und reichte ihm vom Pferderücken aus die Hand, »ich bin Jo.«

»Freut mich, Jo«, erwiderte Ray und ergriff die dargebotene Hand. »Mein Name ist Ray.«

»Also gut, Ray, dann zeig mal, was in dir und in deinem Pferd steckt.«

»Kann es losgehen?«, rief Mr Baker vom Zaun aus. Er wirkte recht entspannt, als wäre er sich seiner Sache sicher.

Ray nickte, nahm Archers Zügel auf und führte ihn auf seine Startposition neben Báron.

»Der Wendepunkt ist wie abgesprochen markiert!«, rief Mr Baker. »Ziel ist der Startpunkt. Alles klar?«

Ray nickte erneut und Bárons Reiter antwortete: »Alles klar, Boss!«

Ray warf einen letzten Blick auf Keira, der neben Mr Baker stand und ihm aufmunternd zunickte, dann gab Mr Baker selbst das Startzeichen.

Báron preschte davon und innerhalb weniger Sekunden hatte er sich deutlich von Archer abgesetzt. Ray ließ seinem Hengst vollkommene Zügelfreiheit. Er wusste, dass Archer eine gewisse Anlaufzeit brauchte, bis er sein maximales Tempo erreicht hatte. Doch als er Báron in der Ferne verschwinden sah, wurde er auf einmal unsicher.

»Komm schon, Archer!«, zischte er dem Hengst ins Ohr. »Komm schon, lass mich jetzt nicht im Stich!«

Und als hätte der Braune ihn verstanden, wurde er nun schneller und verringerte den Abstand zu Báron.

Dennoch lag der Schimmel deutlich vorn, als sie den Wendepunkt erreichten. Aber Archer hatte jetzt seinen Rhythmus gefunden.

Ray konnte bereits die Silhouetten von Mr Baker und Keira in der Ferne erkennen, als er endlich zu Báron aufschloss und schließlich nur noch drei Längen hinter ihm lag. Doch auch Báron bewies Ausdauer. Anders als bei dem Rennen gegen Nick, dessen Hengst Fox nach eineinhalb Meilen deutlich eingebrochen war, schien Mr Bakers Schimmel bei Weitem noch nicht erschöpft zu sein. Und so sehr Ray sich auch bemühte – er kam einfach nicht näher ran! Jetzt konnte er bereits die Ziellinie sehen und immer noch lag er hinter Báron.

Ray stieß Archer die Fersen in die Flanken. »Lauf, Archer, lauf!«, schrie er, als ginge es um Leben und Tod. Und tatsächlich wurde der Braune nun noch einmal schneller.

Bárons Reiter hörte mit einem Mal ein Schnaufen hinter sich und warf einen Blick zurück über die Schulter. Das Pferd hinter ihm galoppierte mit aus dem Maul hängender Zunge! Und es kam näher und näher! Er stieß dem Schimmel noch einmal die Fersen in die Flanken, doch Báron hatte seine maximale Geschwindigkeit bereits erreicht.

Nun trennten sie nur noch etwa 350 Fuß von der Ziellinie. Die beiden Hengste galoppierten nebeneinander her. Keiner schien dem anderen den Vortritt lassen zu wollen, doch weder Báron noch Archer schafften es, sich abzusetzen.

Ray spürte Verzweiflung in sich aufsteigen. In wenigen Sekunden war alles vorbei. Zwar lief Archer ein gutes Rennen, doch es reichte offenbar nicht zum Sieg. Er lehnte sich so weit nach vorn, wie er nur konnte, versuchte sich so leicht wie möglich zu machen, und widerstand dem Impuls, die Augen zu schließen. Da spürte er, wie Archer noch einmal beschleunigte. Seine Hufe flogen jetzt über die Erde und im allerletzten Moment ließ er Báron hinter sich. Mit einer halben Länge Vorsprung erreichte er als Erster die Zielmarkierung.

»Dieses Pferd ist anscheinend genauso stur wie sein Reiter«, bemerkte Mr Baker, als er Archer am Halfter festhielt. »Das Wort ›Aufgeben‹ kennt ihr anscheinend beide nicht – auch wenn euch schon die Zunge aus dem Maul hängt.« Er lachte leise. »Zwar ist mir unwohl dabei, Junge, aber ich muss zugeben, dass du gewonnen hast. Und ich werde mein Wort halten. Also entschuldigt mich bitte, ich mache mich auf den Weg zum Büro des *Victoria Turf Clubs,* um ein Pferd nachzunominieren.«

Keira strahlte Ray von unten her an und schüttelte den Kopf. »Es sah furchtbar aus«, sagte er und lachte dabei. »Ich dachte, jetzt kippt Archer gleich um, als er mit heraushängender Zunge an uns vorbeirannte. Aber ...« Er strahlte über das ganze Gesicht. »Aber ihr habt es geschafft!«

Ray ließ sich aus dem Sattel gleiten und strich Archer liebevoll über den Hals. Das Pferd atmete zwar schneller, aber immer noch gleichmäßig. Seine Nüstern waren nur leicht geweitet und sein Schweiß war dünnflüssig und durchsichtig. Es war so, wie Ray es gesagt hatte: Der Hengst war in einer optimalen Verfassung.

Jetzt kam auch Bárons Reiter auf Ray zu und streckte ihm die Hand zur Gratulation entgegen. »Alle Achtung«, sagte er. »Ich hätte nicht gedacht, dass ihr auf dem letzten Stück noch rankommt. Aber wenn ich mir dein Pferd so anschaue, dann glaube ich, es hätte auch noch eine halbe Meile weiterlaufen können. Weißt du, wenn ich nicht schon ein Pferd fürs Rennen hätte, dann könnte mir deins glatt gefallen.« Er schlug Ray anerkennend auf die Schulter und ging, um Báron trocken zu reiten. Doch dann drehte er sich noch einmal um. »Ich wünsche euch viel Glück! Ihr werdet es brauchen.«

Ray nickte dankbar. Ja, es würde verdammt hart werden. Aber mit etwas Glück hatten sie eine Chance!

»Hier steht dein Name!« Mr Baker hielt Ray beim Frühstück die Zeitung unter die Nase. »Raymond Grayfield auf Archer.«

Ray nahm Mr Baker die Zeitung aus der Hand und las: »Mit dem nachnominierten Hengst Archer, der von dem jungen Jockey Raymond Grayfield geritten wird, stehen nun insgesamt 20 Pferde für das neue Frühlingsrennen des *Victoria Turf Clubs* auf der Starterliste, das am morgigen Donnerstag, dem 7. November 1861, erstmalig ausgetragen werden soll.

Überschattet wird das Ereignis vom Tod der beiden Expeditionsleiter Robert O'Hara Burke und William John Wills, die am 20. August des vergangenen Jahres unter den Augen von rund 15.000 Zuschauern im Royal Park Melbourne aufgebrochen waren, um Australien von Süden nach Norden zu durchqueren.

Wir werden mit Spannung verfolgen, ob der erste ausgetragene *Melbourne Cup* ähnlich viele Schaulustige anlocken wird wie das damalige Ereignis und hoffen für die Veranstalter und Teilnehmer des Rennens, dass es unter einem besseren Stern stehen möge als die gescheiterte Expedition.«

O ja, das hoffe ich auch, dachte Ray und ließ die Zeitung sinken. Ob Tante Amy ebenfalls Zeitung liest?, überlegte er dann. Was würde sie dazu sagen, dass sein Name dort stand?

»Ich habe Gerüchte gehört, dass man überlegt, das Rennen ausfallen zu lassen«, unterbrach Mr Baker Rays Gedanken und steckte sich sein letztes Brotstück in den Mund.

Ray schnappte nach Luft. »Ausfallen? Wieso?«

Mr Baker zuckte mit den Schultern. »Angeblich wegen des Todes von Burke und Wills ...«

»Aber ... aber ... das können die doch nicht machen!« Ray spürte, wie er blass wurde. Er hatte sein Leben riskiert. Seins und Archers, um an diesem Rennen teilzunehmen. Und nun sollte es einfach so ausfallen?

Mr Baker lächelte. »Ich glaube nicht, dass sie es tatsächlich wahr machen, Junge«, beruhigte er Ray. »Wir werden jedenfalls alles tun, um uns so gut wie möglich darauf vorzubereiten. Mein Hufschmied wird heute noch einmal nach Archer schauen.«

»Danke, Sir, das ist sehr freundlich von Ihnen.« Ray versuchte sich seine Aufregung nicht anmerken zu lassen. Wenn Mr Baker meinte, das Rennen würde stattfinden, dann war es vermutlich auch so.

Mr Baker nickte zuerst gedankenverloren, dann schüttelte er mit einem Mal den Kopf. »Na, wenn das bloß alles gut geht«, sagte er und stand schwerfällig auf, indem er sich mit den flachen Händen auf der Tischplatte abstützte wie ein alter Mann.

So lebten die Stämme miteinander in dem Land,
das ihnen von … der Regenbogenschlange gegeben wurde;
und sie wussten, dass das Land immer ihnen gehören würde
und … niemand es ihnen jemals nehmen sollte.
Oodgeroo

RAY striegelte Archer, bis er glänzte. Er kämmte Mähne und Schweif und als Mr Baker am Nachmittag mit dem Hufschmied zusammen den Stall betrat, war Archer kaum wiederzuerkennen. Zumindest behauptete Mr Baker das.

Auch der Hufschmied hatte bei seiner Kontrolle nichts zu beanstanden. Von der Verletzung durch den Stein, den Archer sich auf dem Weg nach Melbourne eingetreten hatte, war nichts mehr zu sehen, nachdem er das alte Hufeisen und die Nägel entfernt hatte. Sorgfältig schnitt der Mann, der bei seiner Arbeit schnaufte wie ein Walross, den Huf zurecht, feilte kleinere Unebenheiten mit einer Raspel ab und legte das Hufeisen neu an. Er überprüfte den korrekten Sitz der Nagellöcher auf der weißen Linie des Hufes und nagelte es neu auf.

»Und?«, erkundigte sich Mr Baker, als der Hufschmied fertig war.

»Die Hufe sind in einem ausreichend guten Zustand«, sagte der Schmied. »Ich sehe keine Probleme für das Pferd.«

Mr Baker nickte zufrieden und Ray, der bis jetzt vor Anspannung die Luft angehalten hatte, atmete erleichtert aus.

Als Mr Baker und der Hufschmied wieder gegangen waren, flocht Ray Archers Mähne in mehrere gleich dicke Zöpfe ein, bis Archer zeigte, dass ihm die Prozedur jetzt lange genug gedauert hatte. Doch Ray trat zurück und betrachtete stolz sein Werk: Archer sah toll aus! Hoffentlich fand das Rennen morgen auch statt und er hatte sich die Arbeit nicht umsonst gemacht.

»Du siehst gut aus«, sagte Keira am nächsten Morgen anerkennend.

Ray strich sich die Jacke glatt und rückte den Helm zurecht. »Findest du wirklich?«

Keira grinste schief. »Vielleicht solltest du das immer tragen«, scherzte er.

Ray zog eine Grimasse und blickte an sich hinunter. Mr Baker hatte ihm für das Rennen eine weiße Hose, schwarze Stiefel, eine schwarze Jacke und einen schwarzen Helm besorgt. Und damit sah er nun wirklich aus wie ein Berufsreiter.

Er hatte in der Nacht geschlafen wie ein Baby, nachdem Mr Baker Entwarnung gegeben hatte: Es stand nun endgültig fest, dass das Rennen stattfinden würde.

Trotzdem wunderte sich Ray über seine Gelassenheit. Musste er nicht aufgeregter sein? Wochenlang hatte er auf diesen Tag hingefiebert. Und nun war er plötzlich da! Andererseits hatte er das beruhigende Gefühl, dass nun nichts mehr schiefgehen konnte. Sein Ziel, die Teilnahme am *Melbourne Cup*, hatte er erreicht und auf diesem Weg so viele Hürden gemeistert, dass das Rennen selbst ihm nun eher wie der Lohn für alle Mühen erschien. Als hätten sie den schwersten Teil bereits hinter sich.

Mr Baker jedoch war so aufgeregt, als müsste er das Rennen selbst bestreiten. Alle fünf Minuten sah er nach Ray und Archer und verkündete, jetzt wäre es bald Zeit loszugehen.

Und endlich brachen sie wirklich auf.

Ray führte Archer durch die Straßen. Es war nicht weit von Mr Bakers Stallungen bis zur Rennbahn. Aber weit genug, um zu sehen, dass Melbourne Trauer trug: An allen öffentlichen Gebäuden hingen die Fahnen auf Halbmast. Das Land betrauerte den Tod seiner beiden Helden Burke und Wills.

Bald wird es einen neuen Helden geben, dachte Ray. Und sein Name lautet Archer. Ein bisschen schämte er sich dafür, dass er die Trauer der anderen nicht teilen konnte. Aber er war so in sein eigenes Leben verstrickt, dass alles andere nicht an ihn herankam und ihn im Augenblick nicht belasten konnte. Nicht einmal der Gedanke an Emily war so schmerzhaft wie sonst.

Je näher sie der Rennbahn kamen, desto mehr Menschen sahen sie. Frauen, Kinder und Männer hatten es sich auf Decken unter dem blauen Himmel gemütlich gemacht und picknickten. Manche blickten ihnen hinterher, als sie mit Archer das Rennbahngelände betraten und das Pferd zu seiner Box führten, in der es bis zum Rennbeginn bleiben sollte.

Ray zog sich in der Umkleide für Jockeys um. Als er fertig war, spürte er doch allmählich wieder eine gewisse Aufregung. Er versuchte die Blicke der anderen Jockeys zu ignorieren, die spöttisch lächelten, als sie ihn sahen. Nur Mr Bakers Jockey Jo, der das Rennen auf Báron gegen ihn bestritten hatte, nickte ihm knapp zu.

Mr Baker wartete bereits ungeduldig auf ihn, als er zu Archers Box zurückkehrte. »Na endlich!«, sagte er. Dabei war Ray höchstens eine Viertelstunde weg gewesen. Er hatte sich beeilt, obwohl er auf dem Rückweg an einer fahrenden Menagerie vorbeigekommen war, die mit ihren Attraktionen, tanzenden Bären, bärtigen Frauen, Riesen und Zwergen, für Unterhaltung sorgte.

»Drei Pferde sind gestrichen worden«, erzählte Mr Baker, was er in der Zwischenzeit in Erfahrung gebracht hatte. »Dadurch hat sich Archers Wettquote verschlechtert. Sie liegt aber immer noch bei acht zu eins.«

Ray nickte. Im Grunde genommen war ihm das alles egal. Er besaß sowieso kein Geld, das er auf Archers Sieg setzen konnte.

»Es sind nur 4.000 Zuschauer gekommen«, fuhr Mr Baker ungerührt fort. »Man nimmt an, dass auch das mit dem Tod von Burke und Wills zusammenhängt.«

Wieder nickte Ray. 4.000 Menschen, die ihm und Archer zusehen würden, waren für seinen Geschmack mehr als genug.

»Das Hauptrennen, der *Melbourne Cup*, startet um fünfzehn Uhr. Wir haben also nicht mehr allzu viel Zeit.«

Ray sah einer jungen Frau hinterher, die an den Boxen entlangging und die Pferde musterte. Vermutlich überlegte sie, auf welches Tier sie setzen sollte. Ray fand sie hübsch: Sie trug einen großen Hut und ein helles Kleid. Ihre gelockten Haare schauten ein wenig widerspenstig unter dem Hut hervor und Ray überlegte, ob Emily auch eines Tages so hübsch aussehen würde und ein so kostbares Kleid trüge.

Die Frau bemerkte Rays Blick und lächelte ihm schüchtern zu, bevor sie die Augen senkte.

Keira stieß Ray in die Seite und grinste.

»Sag mal, hörst du mir überhaupt zu?«, ereiferte sich Mr Baker.

»O ja, Sir!«

»Gut. Der Favorit des Rennens ist ein Hengst namens Mormon. Seine Wettquote liegt bei drei zu eins. Er gilt zurzeit hier in Victoria als unschlagbar. Aber es sind noch einige andere gute Pferde im Rennen: Twilight darfst du auch nicht unterschätzen. Ebenso wenig Toryboy.«

»Ja, Sir.«

»Am besten hältst du Archer draußen. Gib acht, dass du nicht mit ihm in den Pulk am Start oder in den Kurven gerätst. Vor allem die erste Kurve ist tückisch und er wäre nicht das erste Pferd, das im Gedränge stürzt.«

»Ja, Sir.« Ray hörte nur mit einem Ohr zu. Er wusste schon, wie er Archer reiten würde. Er kannte das Pferd, seine Stärken und Schwächen. Und er wusste auch, dass er kaum siegen konnte, wenn er nur die Außenbahn wählte. Aber er dachte nicht im Geringsten daran, Mr Baker das auf die Nase zu binden. Denn er wollte nicht, dass sich Mr Baker noch mehr Sorgen um ihn machte, als er es ohnehin schon tat.

Mr Baker seufzte. Er merkte wohl, dass Ray nicht ganz bei der Sache war.

»Wir werden gleich zum Start gerufen. Gibt es vorher noch irgendetwas, das du wissen möchtest?«

Ray schüttelte stumm den Kopf. Er blickte hinüber zu Archer, der in seiner Box stand und so aussah, als würde ihn das ganze Brimborium um ihn herum nicht im Mindesten interessieren.

Kaum hatte Mr Baker den letzten Satz ausgesprochen, als ein Mann auf sie zutrat und sie bat, im Startbereich Aufstellung zu nehmen.

»Viel Glück«, sagte Keira und drückte Ray die Hand. »Und denk dran, Yinnel, stark und sanft zugleich findet der Bach seinen Weg.«

Ray lächelte.

»Alles Gute, Junge«, sagte auch Mr Baker und Ray bemerkte gerührt, wie aufgeregt und stolz er war. Als wäre es sein Pferd, das Ray an den Start führte.

»Danke, Sir, danke für alles«, antwortete er. Dann wandte er sich zu Archer um und strich ihm über den Hals. »So, mein Junge. Wir können das hier schaffen, meinst du nicht auch?«

Archer schlug mit dem Kopf und schnaubte.

Der Starter in der gestreiften Jacke wartete geduldig darauf, dass alle Pferde ihre Positionen einnahmen. Doch hinter der Linie herrschte ein wildes Durcheinander, von dem auch Archer mittlerweile nicht mehr ganz unberührt blieb. Die Pferde tänzelten und wieherten. Sie stießen sich gegenseitig an und jeder Reiter versuchte so weit wie möglich nach vorn zu kommen, um sich schnell abzusetzen und sein Pferd aus der Gefahrenzone zu bringen.

Ray sprach beruhigend auf Archer ein, der unruhig mit dem Kopf schlug, als plötzlich eins der Pferde stieg und davonschoss.

Ray blickte sich nach links und nach rechts um. Hatte er den Start etwa verpasst? Aber die anderen Jockeys verharrten ebenso wie er und hielten ihre Pferde straff am Zügel, damit sie nicht ebenfalls lospreschten.

Endlich hatte man den Frühstarter eingefangen und brachte ihn zurück hinter die Linie.

Und dann ertönte der Startschuss und die Pferde stoben davon. Ray hielt Archer ein wenig zurück. Tatsächlich erschien ihm das Gedränge, wie Mr Baker es gesagt hatte, mit einem Mal sehr gefährlich. Pferde und Reiter standen unter enormer Spannung und Ray fürchtete, zwischen all den schweren Leibern zerquetscht zu werden. Doch nun waren alle anderen vor ihm: Mormon, Toryboy, Flatcatcher, der Frühstarter Twilight und Prince.

Archer galoppierte gemütlich hinter dem Feld der Führenden her. Einige Pferde blieben hinter ihm zurück, doch die Konkurrenz hatte sich bereits deutlich abgesetzt.

Ray versuchte Archers Signale aufzufangen. Er wusste, dass sein Pferd keins war, das vom Start weg führte. Aber es hatte eine hervorragende Kondition. Und es konnte einen guten Sprint einlegen. Die Frage war nur, wann Archer beschleunigen sollte! Die Gefahr, abgedrängt zu werden oder zu stürzen war größer, wenn Archer zum Feld der Führenden aufschloss. Aber wie viel Vorsprung durften sie den anderen lassen?

Plötzlich fragte sich Ray, ob er sich nicht doch eine zu große Aufgabe auferlegt hatte. Es galt, binnen Bruchteilen von Sekunden unzählige Entscheidungen zu treffen. Ein einziger falscher Entschluss – und das Rennen war verloren.

Jetzt sah Ray aus dem Augenwinkel ein weiteres Pferd neben sich auftauchen. Es war Medora, dicht gefolgt von Dispatch. Sollte er sie auch vorbeiziehen lassen? Sollte er sich dranhängen? Oder sollte er gar jetzt bereits beschleunigen und sich absetzen?

Man sagte, fiel Ray ein, dass ein Pferd nur einmal während eines Rennens seine Höchstgeschwindigkeit erreicht. Eine einmal eingeschlagene Taktik konnte man nicht mal eben wieder ändern. War jetzt der richtige Zeitpunkt?

Ray stieß Archer die Fersen in die Flanken und der Braune zog an. Ray spürte, dass Archer immer noch Reserven hatte. Doch noch war Medora neben ihm und beschleunigte ebenfalls.

Und dann verschlug es Ray fast den Atem: Aus dem Augenwinkel sah er, wie Medora stürzte. Sie begrub ihren Reiter unter sich. Das nachfolgende Pferd, Dispatch, schaffte es nicht mehr rechtzeitig auszuweichen und lief geradewegs in das auf dem Boden liegende Tier hinein. Ein Aufschrei ging durch die Menge der Zuschauer.

Ray warf einen Blick zurück. Dispatch rappelte sich soeben wieder auf, aber sowohl Medora als auch die beiden Reiter blieben auf dem Boden liegen und rührten sich nicht. Einer von ihnen war Jo, der junge Mann, der Báron geritten hatte, und Ray hoffte inständig, er habe sich bei dem Sturz nicht ernsthaft verletzt.

Schon stürzten Helfer auf die Bahn. Ray zwang sich, nach vorn zu blicken und die Gedanken an das grauenvolle Unglück zur Seite zu schieben. Vor ihm machten gerade andere das Rennen. Und er durfte den Anschluss nicht verlieren.

»Komm schon, Archer, *jetzt!*«, flüsterte er und als hätte der Braune ihn verstanden, beschleunigte er.

Schon war der Abstand zu den anderen nicht mehr so groß. Archers Ohren waren nach vorne gerichtet. Er warf die Beine hoch und seine Zunge hing aus dem Maul. Nun hatte die Dampflok genügend Kraft entwickelt. Jetzt schlossen sie zu Twilight auf, der mit einem Mal ebenfalls ins Straucheln geriet. Doch in letzter Sekunde konnte er sich fangen. Sein Reiter versuchte ihn ins Rennen zurückzubringen, doch Twilight brach aus und rannte quer über die Bahn, beinahe in Archer hinein, der im letzten Moment ausweichen konnte.

Rays Herz raste. Er ließ Archers Zügel locker und der Hengst preschte davon. Vorbei an Flatcatcher, der sichtbar eingebrochen war, vorbei an Toryboy.

»Lauf, Archer, lauf«, flüsterte Ray seinem Hengst ins Ohr. Und Archer lief. Seine Hufe wirbelten über den Untergrund und er schnaufte. Ray meinte, so schnell sei Archer noch nie zuvor gelaufen. Es war, als wüsste der Hengst, worum es ging und als würden ihn die anderen Pferde, die es zu überholen galt, ebenso anspornen wie die Zurufe des Publikums.

Vor ihnen waren jetzt nur noch Prince und Mormon. Doch Prince hatte keine Kraft mehr und Archer schoss pfeilschnell an ihm vorüber. Eine Weile galoppierte er mit Mormon Seite an Seite. Ray riskierte einen Blick auf den anderen Jockey, doch sein Kontrahent blickte stur geradeaus und hieb mit seiner kurzen Reitgerte wieder und wieder auf die Kruppe seines Pferdes ein. Dann entschied auch dieses Duell die bessere Ausdauer und Archer ließ den Konkurrenten hinter sich. Ray hörte die aufgeregten Schreie der Zuschauer, während er auf die Ziellinie zuraste. Er warf einen schnellen Blick zurück über die Schulter, aber er konnte Mormon nicht mehr sehen. Er war hinter einer Staubwolke verschwunden.

Der Jubel, der ihm entgegenschallte, war atemberaubend. Kaum stand Archer still, da stürmten von überall her Menschen auf Ray zu. Sie rissen ihn förmlich vom Rücken des Pferdes, klopften ihm auf die Schultern, brüllten seinen und Archers Namen. Auch Keira und Mr Baker liefen nun auf Ray zu und umarmten ihn.

»Ein tolles Rennen, Junge«, sagte Mr Baker. »Wahrhaftig ein tolles Rennen! Du hast mit sechs Längen Vorsprung vor Mormon gewonnen! Wer hätte das gedacht!« Und er wischte sich verstohlen eine Freudenträne aus dem Augenwinkel. Zumindest dachte Ray, dass es sich um eine Freudenträne handeln musste.

»Aus dem Bach ist ein reißender Fluss geworden«, sagte Keira und klopfte dem Freund auf die Schulter.

Ray fühlte sich schwindelig vor Glück. All die Glückwünsche, all der Zuspruch waren der verdiente Lohn. Und auch Archer schien die Aufmerksamkeit, die ihm zuteil wurde, zu genießen. Ray hätte schwören können, dass der Hengst zufrieden über seinen Sieg grinste. Und doch mischte sich Sorge in das Gefühl des Triumphes. »Was ist mit Jo?«, wollte er wissen. »Hat er sich bei seinem Sturz verletzt?«

Mr Bakers Gesicht verfinsterte sich. »Es war ein schwerer Sturz«, sagte er. »Die Helfer kümmern sich noch um die beiden Reiter und lassen niemanden zu ihnen. Ich hab's schon versucht. Aber …« Er brach abrupt ab.

»Aber was? Warum sagen Sie nichts!«

»Es sieht nicht gut aus, Ray«, antwortete Mr Baker leise.

Ray fühlte sich, als hätte ihm jemand mit der flachen Hand ins Gesicht geschlagen. Während er um den Sieg gekämpft hatte, kämpften andere um ihr Leben. Wie nah lagen doch Sieg und Niederlage beieinander. Und auf einmal fragte sich Ray, ob es das alles wert war. War es richtig, was er hier tat?

Ray sah sich um und bemerkte jetzt auch auf den Gesichtern der anderen das Wechselspiel der Gefühle aus Freude, Trauer und Entsetzen, das ihm zuvor entgangen war.

Auf einmal hatte er das merkwürdige Gefühl, jemand würde ihn aus der Ferne beobachten. Er meinte regelrecht körperlich zu spüren, dass jemand ohne Unterlass den Blick auf ihn gerichtet hielt. Mitten in dem Pulk Menschen, die sich um ihn herum drängten, sah er ein kleines Mädchen an der Hand einer etwas älteren Frau stehen. Ein Mädchen mit langen, blonden Locken, das ihn aus seinen blauen Augen heraus unverwandt anblickte. Ein glückliches Lächeln im Gesicht. Es trug ein hübsches, helles Kleidchen und einen Hut auf dem Kopf, der ihn vor der Sonne schützte.

»Emily«, sagte Ray leise und ging auf das Mädchen zu, das sich jetzt von der Hand der Frau löste und ebenfalls auf ihn zukam. Die Gesichter der Menschen um Ray herum verschwammen zu einem unbedeutenden Meer von Fremden. Jetzt war Emily nur noch wenige Schritte von ihm entfernt. Ray breitete die Arme aus und das Mädchen stürzte sich hinein, verbarg sein kleines Gesicht an seiner Schulter und schluchzte. Ray drückte den zarten Körper fest an sich und genoss das Gefühl vollkommenen Glücks, das ihn durchströmte. Das war es, was zählte. Das und nichts anderes.

»Du bist gekommen«, flüsterte Emily. »Du hast dein Versprechen gehalten.«

»Natürlich, mein kleiner Engel«, sagte Ray, hob Emily

hoch und küsste sie. »Ich halte immer mein Wort, das weißt du doch.«

Emily lehnte sich in seinem Arm zurück und hielt sein Gesicht mit ihren kleinen Händen fest, während sie ihn ernst anblickte. »Und du hast gewonnen«, stellte sie fest.

Jetzt lächelte Ray wieder. »Ja«, sagte er, »sieht so aus. Ich habe gewonnen.« Und er wusste selbst am besten, dass er nicht nur das Rennen damit meinte.

Ray wandte sich um, als er eine Hand auf seinem Arm spürte, und blickte geradewegs in Tante Amys Gesicht.

»Hallo, Ray«, sagte sie.

»Hi, Tante Amy.«

Seine Tante tupfte sich mit einem Taschentuch ein paar Tränen aus den Augenwinkeln und zum ersten Mal fiel Ray die Ähnlichkeit mit seiner Mutter auf.

»Deine Eltern wären sehr stolz auf dich gewesen«, sagte Tante Amy leise. »Sehr stolz.«

Ray musste unwillkürlich lächeln. War das Tante Amys Art, sich zu entschuldigen und zuzugeben, dass sie sich in ihm geirrt hatte? Nun, mehr würde er vermutlich nicht kriegen, dachte Ray und beschloss, damit zufrieden zu sein, dass Tante Amy ihre Meinung geändert und Emily zu ihm gebracht hatte. Das war doch immerhin ein Anfang!

Ray blickte über Tante Amys Schulter hinweg und nahm jetzt wieder wahr, wie viele Menschen sich immer noch um ihn scharten und an seinem Erfolg teilhaben wollten. Darunter Keira, der treu an seiner Seite stand. Doch ein Gesicht sah er nicht mehr in der Menge: Mr Baker. Vermutlich versuchte er noch einmal sich nach Jos Gesundheitszustand zu erkundigen. Ray hoffte inständig, dass er mit guten Nachrichten zurückkehrte.

Eine hübsche junge Chinesin winkte Ray begeistert zu, als sie merkte, dass er sie anschaute. Bei ihrem Anblick freute sich Ray zum ersten Mal darauf, nach Hause zurückzukehren. Nach Hause, dachte er, was für ein wundervoller Ausdruck. Zurück zu Mr de Mestre, zu Tom und der dicken Elizabeth. Ja, er freute sich irgendwie sogar ein wenig auf Nick – vor allem aber freute er sich auf das chinesische Mädchen, das er in der langen Zeit seiner Reise nicht vergessen hatte. Er würde die positive Energie seiner Gedanken nutzen und sie ansprechen, sobald er das nächste Mal die Gelegenheit dazu hatte.

Ja, er freute sich tatsächlich auf das Ende seiner Reise. Denn jedem Ende wohnt auch ein Anfang inne, dachte Ray und lächelte Emily an. Vorher wollte er nämlich noch diesen Augenblick auskosten und genießen, so lange er dauerte.

NACHWORT

Das Pferd Archer hat es tatsächlich gegeben. Es wurde 1856 in Jembaicumbene in New South Wales geboren und starb 1872. Ein junger Mann namens Etienne de Mestre war sein Trainer. Der Hengst mit dem rotbraunen Fell gewann 1861 und 1862 die beiden ersten jemals ausgetragenen *Melbourne Cups* und ließ den Favoriten Mormon beide Male regelrecht stehen. Nachdem er das erste Rennen mit 6 Längen Vorsprung gewonnen hatte, siegte er 1862 sogar mit 9 Längen Vorsprung! 1863 durfte Archer aufgrund eines Formfehlers bei der Anmeldung nicht am Rennen teilnehmen.

Um Archers Sieg im ersten *Melbourne Cup* ranken sich zwei Legenden, die jeder Pferdefreund in Australien und auf der ganzen Welt kennt: Die erste besagt, das Pferd sei mit seinem Stallburschen die 500 Meilen von seinem Gestüt, der Exeter Farm in New South Wales, bis nach Melbourne quer durchs Outback gelaufen. In der zweiten Legende wird behauptet, der Jockey, der Archer zum

Sieg führte – sein Name war John Cutts – sei ein Aborigine gewesen.

Unbestritten hingegen ist, dass der erste *Melbourne Cup* einen spektakulären Verlauf nahm, als ein Pferd vor dem Start durchging und drei Reiter während des Rennens stürzten, von denen zwei im Anschluss ihren schweren Verletzungen erlagen.

In der Mitte des 19. Jahrhunderts prägte der Aufschwung durch den Goldrausch Australien. Zwischen den australischen Ureinwohnern, den Aborigines, und den zumeist englischen Siedlern, die Australien für sich beanspruchten, herrschte Unfrieden, der zur fast vollständigen Ausrottung der Aborigines führte: Von 1788 bis 1920 sank die Zahl der Aborigines von geschätzten 300.000 bis 1 Million Einwohner auf 60.000 im Jahr 1920. Viele der Ureinwohner wurden Opfer eingeschleppter Krankheiten, aber auch die geschilderten Massaker sind leider bittere Realität. Erst 2008 entschuldigte sich die Regierung bei den Aborigines für das Unrecht und das Leid, das sie diesem Volk zugefügt hat.

Danksagung

Danken möchte ich dieses Mal ganz besonders meinem Sohn Finn, dem geistigen Vater von Keira, der überraschend zu einem sehr wichtigen Teil dieser Geschichte geworden ist.

Literatur und Quellen

Brosig, Dr. Stefan: *Galopptraining für Renn- und Freizeitpferde*. BoD, Norderstedt 1996/2008, S. 78 (Zitat von Federico Tesio)

Der mit der Sonne kam. Erzählungen und Gedichte von Aborigines. Herausgegeben und ins Deutsche übersetzt von Gabriele Yin. dtv, München 1995 (Zitate Oodgeroo)

Farrer, Vashti: *My Australian Story*. Archer's Melbourne Cup. The Diary of Robby Jenkins. Scholastic, Australia 2007

GEO Epoche 36/2009: *Australien:* Von Aborigines und Traumpfaden, von Sträflingen und Kolonisten: Die Geschichte des Fünften Kontinents. Gruner + Jahr 2009

Märchen der australischen Ureinwohner. Märchen der Welt. Herausgegeben und übersetzt von Herbert Boltz. Unter Mitarbeit von Heidrun Vollmer. Fischer Taschenbuch Verlag, Frankfurt am Main 1996

Von Astrid Frank bereits bei Thienemann erschienen:

Fliegen wie Pegasus
Amal – Tochter des Windes
Roter Blitz
Das Pferd des Teufels
Gigant
Schicksalsreiter

Frank, Astrid:
Archer – Legende des roten Landes
ISBN 978 3 522 20094 3

Umschlaggestaltung: Niklas Schütte
Einbandtypografie: Michael Kimmerle
Schrift: Stone serif und Apple Scruffs
Satz: KCS GmbH, Buchholz/Hamburg
Reproduktion: immedia 23, Stuttgart
Druck und Bindung: Friedrich Pustet, Regensburg

5 4 3 2 1°   11 12 13 14

www.thienemann.de
www.astridfrank.de